示范性高等职业院校重点建设专业校企合作教材

Qiche Dianqi Shebei Gouzao yu Weixiu Xuexi Gongzuoye
汽车电气设备构造与维修学习工作页

吴　民　段明社　侯晓民　主　编

吴　涛　主　审

李金刚[新疆燕宝汽车销售有限公司]

人民交通出版社

内 容 提 要

本书为示范性高等职业院校重点建设专业校企合作教材之一,与《汽车电气设备构造与维修》教材配套使用。主要内容包括:蓄电池的检测,交流发电机的认识,交流发电机的检测,起动机的认识,起动机的检测,点火系统故障诊断,照明电路、信号故障诊断,电动控制电路的检修,风窗清洁装置的检修,空调系统认识,空调检修。

本书可作为高职、中职院校汽车电子技术专业、汽车运用与维修专业、汽车检测专业教材,也可作为行业从业人员培训教材。

图书在版编目(CIP)数据

汽车电气设备构造与维修学习工作页 / 吴民,段明社,侯晓民主编. —北京:人民交通出版社,2012.11
示范性高等职业院校重点建设专业校企合作教材
ISBN 978-7-114-10150-2

Ⅰ.①汽⋯ Ⅱ.①吴⋯ ②段⋯ ③侯⋯ Ⅲ.①汽车–电气设备–构造–高等职业教育–教学参考资料 ②汽车–电气设备–车辆修理–高等职业教育–教学参考资料
Ⅳ.①U472.41

中国版本图书馆 CIP 数据核字(2012)第 247519 号

	示范性高等职业院校重点建设专业校企合作教材
书　　名:	**汽车电气设备构造与维修学习工作页**
著 作 者:	吴　民　段明社　侯晓民
责任编辑:	袁　方
出版发行:	人民交通出版社
地　　址:	(100011)北京市朝阳区安定门外外馆斜街 3 号
网　　址:	http://www.ccpress.com.cn
销售电话:	(010)59757973
总 经 销:	人民交通出版社发行部
经　　销:	各地新华书店
印　　刷:	北京虎彩文化传播有限公司
开　　本:	787×1092　1/16
印　　张:	6.25
字　　数:	145 千
版　　次:	2012 年 11 月　第 1 版
印　　次:	2022 年 12 月　第 4 次印刷
书　　号:	ISBN 978-7-114-10150-2
定　　价:	19.00 元

(有印刷、装订质量问题的图书,由本公司负责调换)

新疆交通职业技术学院
教材编审委员会

主　任：段明社

副主任：吴灵林　　李绪梅

成　员：阿巴白克里·阿布拉　　侯士斌　　帕尔哈提·艾则孜

　　　　潘　杰　　李　杰　　吕　雯　　虎法梅　　张福琴

　　　　李　刚　　宿春燕　　李询辉　　郭新玉　　罗江红

　　　　孙珍娣　　杨永春　　合尼古丽·吾买尔　　陆莲芳

序

在几易其稿之后，我院自治区示范性高等职业院校建设成果之一——工学结合系列教材终于付梓了。自我院作为自治区示范性高职院校建设单位以来，以强化内涵建设为重点，以专业建设为龙头，以核心课程和教材建设为载体，与行业企业技术、管理专家共同组建专业团队，在课程改革的基础上，共同编著了10余种教材，涵盖了我院的汽车运用技术、道路桥梁工程技术、物流管理、工程机械运用与维护四个专业的专业核心课程。

本系列教材是学院与行业企业共同开发的，适应区域、行业经济和社会发展的需要，体现行业新规范、新标准，反映行业企业的新技术、新工艺、新材料。教材内容紧密结合生产实际，融"教、学、做"为一体，力求体现能力本位的现代教育思想和理念，突出职业教育实践技能训练和动手能力培养的特色，在保证知识体系完整性的同时，体现基于工作过程的基本思想，注重实践性、先进性、通用性和典型性，是适合高职院校使用的理论和实践一体化教材。

本系列教材由我院自治区示范性重点建设专业的专业带头人、骨干教师与校企合作单位的技术骨干、管理专家合作共同制订编写大纲，由理论功底深厚的专业教师担任主编，聘请行业企业专家作为主审。这些教师长期工作在高职教育教学一线，熟悉教学方法和手段，理论方面有深厚功底；而行业企业专家具有丰富的实践经验，能够把握教材的广度和深度，设定基于工作过程的教学任务，两者结合、优势互补，体现"校企合作、工学结合"的精髓。该系列教材的广泛应用，相信能够在新疆维吾尔自治区职业教育中起到引领和推动作用。

新疆交通职业技术学院

教材编审委员会

2012年9月

前　　言

随着汽车制造技术的迅猛发展及汽车维修技术的不断更新，汽车维修企业的劳动组织形式也发生了变化，因此现代汽车维修行业对从业人员提出了更高的要求，终身职业学习的理念逐渐被大家所接受。职业能力是科学的工作和学习方法的基础，无法简单通过传统的学科化课程和传授式教学来实现，并且传统课程的学科系统化和职业活动之间存在着巨大的鸿沟，学校课程与企业的职业活动不协调，所以促进职业能力发展的课程成为当前职业教育课程发展的趋势。

本工作页是按照《汽车电气设备构造与维修》教材编写的，也是完全按照工作过程系统化课程的实施要求来编写的，立意新颖、编排独特，完全符合当前职业教育教学改革的理念和要求；同时也是按照汽车维修企业的典型工作任务的需要进行课程设置，基于工作过程系统化理念进行编写的，包含蓄电池的检修、交流发电机的认识、三相交流发电机的检测、起动机的认识、起动机的检测、照明电路、信号故障诊断、电动控制电路的检修、风窗清洁装置的检修、空调系统认识、空调检修。

本教材由十个学习单元组成，每个学习单元由学习要求、工作页组成。

1. 学习要求。由企业工作任务、学习目标、教学内容、建议学时、教学资源等部分组成。

2. 工作页。按照接受工作任务、信息收集、制订计划、实施与质量检查、评价与反馈的工作流程进行编写，起到引导学生按照企业真实的工作流程来进行学习的目的，使学生的学习更加具有针对性。

本教材的教学建议如下：

1. 在进行教学设计时要体现职业情境课程模式的特点——"做中学、学中做"，学生必须在教师的充分引导下，在行动中学习。在教学方式、方法等方面要充分体现教师的主导作用，学生的操作必须在教师的引导下进行，使学生进一步掌握自我学习的方法。

2. 工作页是引导学生学习和工作的工具。在设计时，考虑了学生的特点，学生应该能够顺利接受工作页的引导。如果学生在完成工作页时有困难，教师应该事先设计或在教学中根据学生的学习情况，及时调整教学方法，不要让学生感觉学习是困难的、无法学会的。

3. 从大的方向来看,教学过程应该遵循系统工作的方法,即提出问题后,按照六步法来解决问题(获取信息—制订计划—做出决定—实施计划—自我检查—做出评定)。教师在设计每一个步骤的教学时,都应该根据具体情况(学生、设备、教学场所、教学内容、教学目标)来选择具体的教学方法进行教学,一定要遵循"教无定法"的教学原则。

4. 在教学中主要采用小组合作的方式来进行教学。在采用小组合作的方式进行教学时,要充分考虑到:分组的方式、组内及组间合作的方式、小组及其成员的评价方法、组间及组内良好的合作与竞争等方面,要不断变换小组合作的方式和方法。

5. 照片、投影、视频的选择可以使教学达到事半功倍的作用,教具的选择要遵循简单、直观、有效的原则。本书既可作为系统培训教材,每个学习单元又可成为独立课题供读者选用;既可为教师在制订教学计划方面及课堂教学方面给予帮助,又可以为学生提供学习帮助。

参加本书编写工作的有:新疆交通职业技术学院曹兴举(任务单1、2、3)、苟春梅(任务单4、5、6)、孙华伟(任务单7、8、9、10、11)。本书由浙江交通职业技术学院吴涛和新疆燕宝汽车销售有限公司李金刚主审。

本书适合汽车电子技术专业、汽车运用与维修专业、汽车检测专业使用。在编写过程中,参考了大量国内外资料和文献。在此对参考文献的作者表示衷心的感谢。本书的内容难以覆盖全国各地院校的实际情况,希望各教学单位在积极选用和推广本教材的同时,注重总结经验,及时提出修改意见,以便再版修订时改正。由于编者水平有限,书中难免有不妥和错误之处,恳请广大读者批评指正。

编者

2012年9月

目　　录

任务单 1　蓄电池的检测 ··· 1
　活动 1　蓄电池的调换评估 ····································· 4
任务单 2　交流发电机的认识 ····································· 5
　活动 2　发电机的分解评估 ····································· 10
任务单 3　交流发电机的检测 ····································· 11
　活动 3　发电机的检测工艺操作评估 ····························· 16
任务单 4　起动机的认识 ··· 17
　活动 4　起动机的分解操作评估 ································· 22
任务单 5　起动机的检测 ··· 23
　活动 5　起动机检测操作评估 ··································· 27
任务单 6　点火系统故障诊断 ····································· 28
　活动 6-1　点火系统故障检测与维修 ····························· 35
　活动 6-2　汽车点火系统的认识与检测评估 ······················· 37
任务单 7　照明电路、信号故障诊断 ······························· 38
　活动 7-1　照明电路故障诊断与维修 ····························· 48
　活动 7-2　照明开关的识别与检测评估 ··························· 50
任务单 8　电动控制电路的检修 ··································· 51
　活动 8-1　电动门窗故障诊断与检测 ····························· 61
　活动 8-2　电动系统的检测评估 ································· 63
任务单 9　风窗清洁装置的检修 ··································· 64
　活动 9-1　刮水器故障诊断与维修 ······························· 69
　活动 9-2　风窗清洁装置的检测评估 ····························· 71
任务单 10　空调系统认识 ·· 72
　活动 10　空调系统认识评估 ···································· 78
任务单 11　空调检修 ·· 79
　活动 11-1　空调维修作业记录表 ································ 87
　活动 11-2　空调制冷系统的检修评估 ···························· 89
参考文献 ··· 90

任务单1　蓄电池的检测

一、学习目标

知识目标

1. 了解蓄电池的分类与型号；
2. 掌握铅酸蓄电池的结构与工作原理、工作特性及充电方法。

能力目标

1. 能正确拆装车上的蓄电池；
2. 能正确使用和维护蓄电池；
3. 能进行蓄电池的故障诊断与排除；
4. 能对蓄电池进行检测、维护作业，并能分析蓄电池的故障原因，记录检测数据。

二、学习情景

现象：汽车蓄电池不充电，经查明蓄电池没电了。
1. 收集车辆和顾客信息（老师应讲解蓄电池的结构和工作原理）；
2. 学生应掌握蓄电池相关知识；
3. 老师应结合案例讲解故障现象和部位，引导学生通过故障现象学习相关知识；
4. 学生应掌握蓄电池的故障检测方法；
5. 学生应通过查阅资料，了解不同车型蓄电池的相关知识。

注意事项

1. 安装蓄电池应注意正负极性；
2. 蓄电池充电时，充电电流不要过大。

三、蓄电池的结构

（一）蓄电池的功用。
1. 发动机在停止状态时，蓄电池的功用：_____。
2. 发动机在起动状态时，蓄电池的功用：_____。
3. 发动机在低速状态时，蓄电池的功用：_____。
4. 当发电机电压高于蓄电池电压时，蓄电池的功用：_____。

(二)写出图 1-1 所示带序号部件的名称。

1._____;2._____;3._____;4._____;
5._____;6._____;7._____。

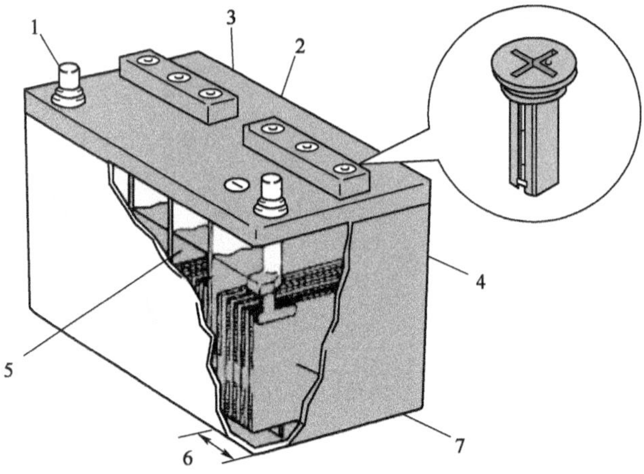

图 1-1　铅酸蓄电池的结构

(三)简述蓄电池放电终了和充电终了的特征。
_____
_____
_____
_____。

(四)列举蓄电池的基本技术参数并说明其含义。

1. 6-QA-100 表示：_____。
2. 6-QAW-100 表示：_____。
3. 6-QA-105G 表示：_____。

(五)蓄电池的充电方法有哪些？各有何特点？

1. 蓄电池的电压充电法_____
_____。

2. 蓄电池的电流充电法_____
_____。

(六)蓄电池的使用与维护。

1. 蓄电池在日常使用中,应注意做好哪些工作？
_____
_____
_____
_____。

2. 蓄电池的技术状况检查。

(1)电解液液面的检查。
_____

(2)电解液密度的检查。

(3)用高率放电计测量放电电压。

(4)蓄电池开路电压的检查。

3.免维护蓄电池内部安装有电解液密度计(俗称电眼),可自动显示蓄电池的存电状态和电解液液面的高度。如图1-2所示,观察窗呈现绿色,说明_____;呈现黑色,说明_____;呈现浅黄色,说明_____。

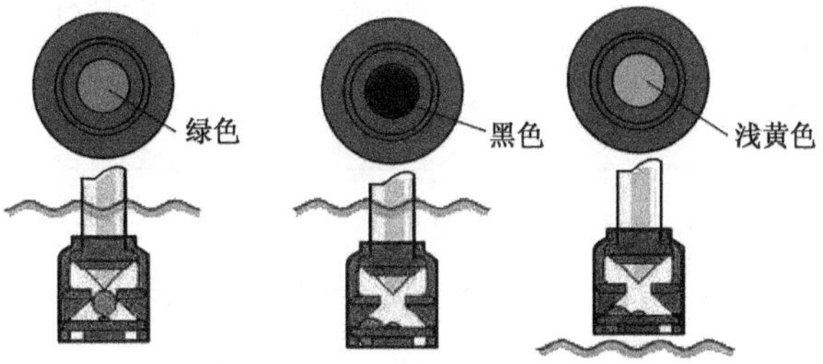

图1-2 免维护蓄电池电量指示

4.写出蓄电池的正确使用方法。

5.写出蓄电池维护过程。

活动 1　蓄电池的调换评估

学生姓名		日期		自评	互评	师评
一、学习评价目标						
1.能正确描述蓄电池的作用。						
2.能正确操作蓄电池电缆的连接或断开还是不断开。						
3.能对蓄电池进行正确的日常维护。						
4.能正确对蓄电池进行充电。						
5.能正确安装蓄电池。						
6.能规范安装蓄电池正负极。						
7.操作过程中,无安全事故发生。						
8.操作过程中,无返工现象。						
9.活动中,环保意识强及安全工作做得出色。						
二、学习体会						
1.活动中对哪项技能最有兴趣?为什么?						
2.活动中哪项技能最有用?为什么?						
3.活动中哪项技能操作可以改进,以使操作更方便实用?请写出操作过程(请同学们大胆创新,共同研讨,不断提高操作能力)。						
4.你还有哪些要求与设想?						
总体评价				教师签名		

任务单 2　交流发电机的认识

一、学习目标

> **知识目标**

1. 能描述汽车发电机及调节器的组成及作用；
2. 能认识电源系统各元件并熟悉其在汽车上的安装位置；
3. 掌握交流发电机的工作原理和工作特性；
4. 掌握交流发电机的结构；
5. 掌握电压调节器的类型及调压原理。

二、学习情景

现象：发动机运转时，充电指示灯常亮，充电系统不正常。
1. 收集车辆和顾客信息(老师应讲解发电机的结构和工作原理)；
2. 学生应掌握发电机相关知识；
3. 老师应结合案例讲解故障现象和部位，引导学生通过故障现象学习相关知识；
4. 学生应通过查阅资料，了解不同车型发电机的相关知识。

三、交流发电机的结构说明

(一)如图 2-1 所示，写出充电系统的序号名称。
1. _____；
2. _____；
3. _____；
4. _____。

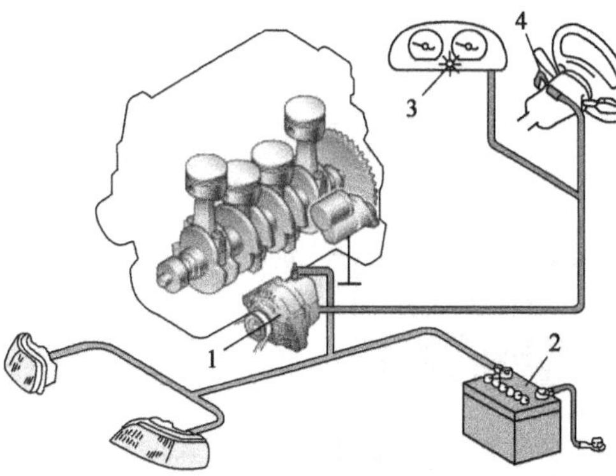

(二)请说出发电机的三个功能的作用。
1. _____。
2. _____。
3. _____。

(三)如图 2-2 所示，写出国产 JF132 型交流发电机各部件名称。

图 2-1　充电系统

1._____;2._____;3._____;4._____;5._____;6._____;
7._____;8._____;9._____;10._____;11._____。

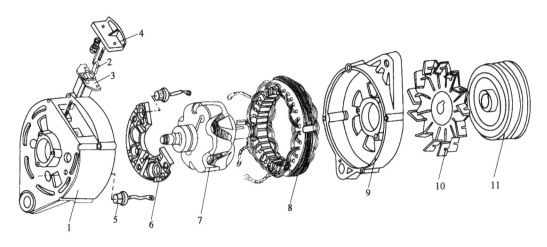

图 2-2　国产 JF132 型交流发电机结构图

(四)发电机定子(也称电枢)结构。

1.写出定子的作用：_____。写出定子的组成：_____。

2.交流发电机的电压是如何产生的？

_____

_____

_____。

3.如图 2-3 所示,用不同的颜色表示三相交流电波形,并写出发电机工作原理。

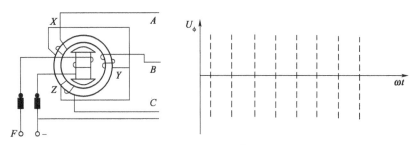

图 2-3　发电机的工作原理

_____

_____

_____。

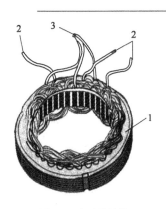

图 2-4　定子的结构

4.写出图 2-4 所示带序号部件名称。

（1）_____；

（2）_____；

（3）_____。

5.写出定子星形接法的特点：_____

_____

_____。

6.写出定子三角形接法的特点：_____

_____

_____。

(五)发电机转子结构。
1. 写出转子的作用：_____。
2. 写出图 2-5 所示带序号部件名称。
(1)_____;(2)_____;(3)_____;(4)_____;(5)_____。

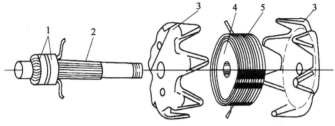

图 2-5　转子的结构

(六)整流器。
1. 整流器的作用：_____。整流器是由三个_____二极管和三个_____二极管组成。
2. 画出图 2-6 中十一管交流发电机内部整流图。

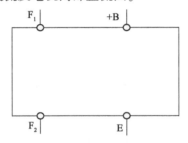

图 2-6　发电机框图

3. 如图 2-7 所示,用不同的颜色表示三相交流和直流电波形。

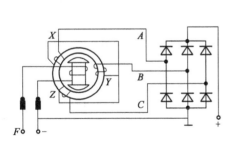
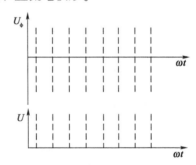

图 2-7　三相桥式整流

4. 根据图 2-7,写出整流过程。
(1)写出当 A 相为正 B 相为负的整流过程：_____。
(2)写出当 B 相为正 C 相为负的整流过程：_____。
5. 什么是正二极管？_____
　　什么是负二极管？_____。
6. 在八管的交流发电机中,两个二极管是起_____作用。
(七)发电机调节器承担什么任务？交流发电机如何进行电压的调节？
_____

7

(八)电压调节器的基本原理,如图2-8所示。

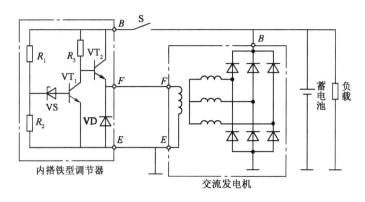

图2-8 内搭铁式晶体管调节器的基本电路

1. 写出发电机他励时,调节器的工作原理:_____

2. 写出发电机自励时,调节器的工作原理:_____

3. 所需要激励电流大小与什么有关:_____

(九)交流发电机的工作特性。

1. 根据图2-9,写出交流发电机的输出特性(注:将结果写在方框内)。

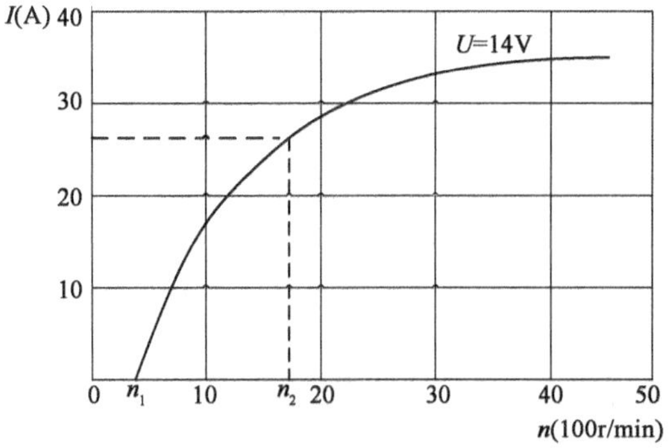

图2-9 发电机的输出特性曲线

2. 根据图 2-10，写出交流发电机的空载特性（注：将结果写在方框内）。

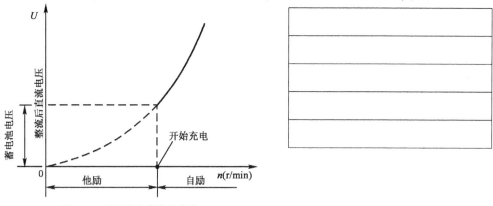

图 2-10 发电机空载特性曲线

3. 根据图 2-11，写出交流发电机的外特性（注：将结果写在方框内）。

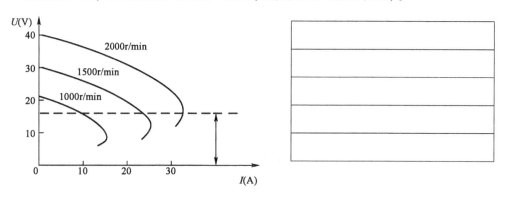

图 2-11 发电机的外特性曲线

四、十一管整体式交流发电机

桑塔纳、奥迪、丰田皇冠等轿车均装有十一管交流发电机，其整流器总成由 6 只三相桥式整流二极管、3 只磁场二极管和 2 只中性点二极管组成，如图 2-12 所示。简述十一管交流发电机磁场二极管和中性点二极管特点和作用及充电指示灯的工作过程。

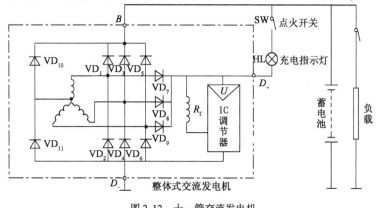

图 2-12 十一管交流发电机

活动 2　发电机的分解评估

学生姓名		日期		自评	互评	师评
一、学习评价目标							
1.能识别发电机的各个部件。						
2.能正确识别和分离电子调压器和电刷架、电刷。						
3.能正确识别和分离二极管的正、负极板。						
4.能正确拆卸发电机上的接线和连接器插座。						
5.能正确拆前、后端盖上的紧固螺钉。						
6.能规范分离定子绕组与整流器的连接点。						
7.能进行发电机的分解工作。						
8.操作过程中,无安全事故发生。						
9.操作过程中,无返工现象。						
10.活动中,环保意识及安全工作做得出色。						
二、学习体会							
1.活动中对哪项技能最有兴趣?为什么?							
2.活动中哪项技能最有用?为什么?							
3.活动中哪项技能操作可以改进,以使操作更方便实用?请写出操作过程(请同学们大胆创新,共同研讨,不断提高操作能力)。							
4.你还有哪些要求与设想?							
总体评价				教师签名		

任务单 3 交流发电机的检测

一、学习目标

能力目标

1. 会拆装交流发电机的零部件;
2. 会检测交流发电机的定子、转子、整流器;
3. 能正确进行交流发电机线路的连线;
4. 能正确判断与排除充电系统的电路故障。

注意事项

1. 注意环境保护和人身安全;
2. 拆装发电机时,注意不要损坏发电机的部件。

二、学习情景

现象:发电机不发电,检测发电机和充电电路。
1. 记录故障现象;
2. 将车辆数据填入检测报告;
3. 确定故障范围,进一步明确方向,查找故障原因;
4. 掌握维修所必需的相关知识(知识补充);
5. 学习制订不同故障的维修工作计划;
6. 检查与调试,演示结果。

三、交流发电机的检测

(一)发电机定子检测。

序号	表笔位置	万用表量程	电阻值	检测结果判定
1				
2				
3				

(二)发电机转子检测。

序号	表笔位置	万用表量程	电阻值	检测结果判定
1				
2				
3				

(三)发电机整流器检测。

序号	红笔	黑笔	电阻值	好坏	
1		A		□	□
2	D	B		□	□
3		C		□	□
4	A			□	□
5	B	D		□	□
6	C			□	□

说明:

如果有一个整流二极管断路,请你绘出整流输出波形。

(四)发电机电刷检测。将检测数据填写在表中。

序号	表笔位置	万用表量程	电阻值	检测结果判定
1	测量电刷架与端盖间的绝缘电阻			
2	测量电刷与电刷之间绝缘电阻			

测量桑塔纳轿车发电机电刷长度标准值为_____,使用极限为_____,则应更换。

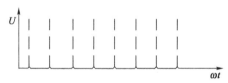

发电机电刷

四、根据实习车的车型、检阅厂家维修手册,分组制订发电机拆装及检测工作计划

(一)作业前准备

序号	项目	作业记录	序号	项目	作业记录
1	车轮挡块		6		
2	转向盘套		7		
3	座椅套		8		
4	脚垫		9		
5	翼子板护围		10		

(二)车辆初始化运转检查

序号	项目	作业记录	序号	项目	作业记录
1	发动机运转状况		4	充电指示灯状况	
2	发动机转速		5	故障灯状况	
3	仪表指示状况		6		

(三)就车检测发电机的电压

序号	检查内容及步骤	序号	检查内容及步骤
1		4	
2		5	
3		6	

(四)从汽车上拆装发电机

序号	检查内容及步骤	序号	检查内容及步骤	注意事项
1		4		
2		5		
3		6		

(五)发电机的分解

序号	检查内容及步骤	序号	检查内容及步骤	注意事项
1		4		
2		5		
3		6		

(六)发电机解体检测

序号	检查内容及步骤	工具名称	检测情况	注意事项
1	发电机定子的检测			
2	发电机转子的检测			
3	整流器的检测			
4	电压调节器的检测			
5	电刷磨损的检测			

续上表

计划审核(教师)	
检测中出现的问题	
经验总结及改进措施	
结论和维修建议	

年　　月　　日　　签字：

五、充电系统的故障诊断

(一)充电系统故障现象描述

(二)故障部位原因分析

(三)根据车型画出充电系统电路图

续上表

(四)检测维修工具			
序号	工具名称	数量	检查工具是否完好
1			
2			
3			

(五)检测流程					
序号	项目	作业记录	序号	项目	作业记录
1			4		
2			5		
3			6		
结论和维修建议					
计划审核(教师)			年　　月　　日　　签名：		

六、分组拆检交流发电机并按下面的标准进行考核

序号	作业项目	评分指标	配分	评分标准	评分
1	按步骤进行拆装	步骤正确,拆装规范	30	步骤错误一次,扣2分	
2	万用表的使用	正确、熟练使用万用表	5	不能正确使用,扣5分	
3	工具的使用	正确、规范、熟练使用工具	5	使用工具不熟练,扣3分	
4	检测内容及方法	检测内容齐全,检测方法正确	30	检测内容少一项,扣5分;检测方法不正确,一次扣5分	
5	部件认知	能够正确认知发电机组成部件	20	认错一次,扣3分	
6	安全生产	按操作规程文明生产,无安全事故发生	5	损坏实习用品及工具,扣5分;使用不文明语言,一次扣2分	
7	整理	整理工作场地	5	没有整理场地,扣5分	
	分数总计				
	评　价				

活动3 发电机的检测工艺操作评估

学生姓名		日期		自评	互评	师评
一、学习评价目标						
1.能正确区分整流器的正极板与负极板。						
2.能正确检测正极二极管的正、反向电阻,并能判别出其好坏。						
3.能正确检测负极二极管的正、反向电阻,并判别出其好坏。						
4.能正确测量电刷磨损的长度。						
5.能正确测量电刷架的绝缘和搭铁绝缘状态。						
6.能进行发电机各接线柱之间的电阻测量,并能判别出故障。						
7.能正确进行发电机的检测工作。						
8.操作过程中,无安全事故发生。						
9.操作过程中,无返工现象。						
10.活动中,环保意识及安全工作做得出色。						
二、学习体会						
1.活动中对哪项技能最有兴趣?为什么?						
2.活动中哪项技能最有用?为什么?						
3.活动中哪项技能操作可以改进,以使操作更方便实用?请写出操作过程(请同学们大胆创新,共同研讨,不断提高操作能力)。						
4.你还有哪些要求与设想?						
总体评价				教师签名		

任务单4 起动机的认识

一、学习目标

知识目标

1. 能认识起动系统各元件的作用及其在起动机中的安装位置；
2. 掌握起动机的结构、工作原理和特性；
3. 会分析起动机的电路电流走向及工作过程；
4. 能够看懂不同车型的起动电路图。

二、学习情景

现象：汽车起动机系统不转，起动机起动无力。
1. 收集车辆和顾客信息（老师讲解起动机的结构和原理）；
2. 学生应掌握起动机相关知识；
3. 通过讲解案例，使学生知道故障现象和部位；
4. 学生应通过故障现象，提高理论知识；
5. 学生应掌握起动系统的故障现象和故障部位；
6. 学生应查阅资料，了解不同车型的起动机的相关知识。

三、起动机的组成、作用、结构

（一）起动系统的组成、作用。

1. 发动机从停止转入工作状态，必须借助_____带动曲柄连杆机构运动，完成可燃混合气的压缩，才能开始点火燃烧或自燃。发动机的起动系统的作用是_____
_____。

2. 发动机的起动方式常采用_____、_____、_____等多种方式起动。电力起动是起动机在_____和起动继电器的控制下，将蓄电池的电能转化为_____，带动发动机飞轮齿圈使曲轴转动，完成发动机的起动。

3. 某车起动系控制电路原理图，装起动继电器的目的是_____
_____。起动继电器有四个接线柱，分别标有起动机、蓄电池、搭铁和点火开关。点火开关与搭铁接线柱之间是继电器的_____，起动机和蓄电池接线柱之间是继电器的_____。

4. 起动系常见的故障有_____，_____，_____，_____。起动机不转的故障可以归纳为三类，即_____、_____、_____故障。

(二)标注图 4-1 中起动机各部件名称。

图 4-1 起动机结构

1.＿＿＿＿＿；2.＿＿＿＿＿；3.＿＿＿＿＿；4.＿＿＿＿＿；5.＿＿＿＿＿；
6.＿＿＿＿＿；7.＿＿＿＿＿；8.＿＿＿＿＿；9.＿＿＿＿＿；10.＿＿＿＿＿；
11.＿＿＿＿＿；12.＿＿＿＿＿；13.＿＿＿＿＿；14.＿＿＿＿＿；15.＿＿＿＿＿。

(三)起动机的结构。

1. 起动机的组成。

序号	名称	作用	图片
1	直流串励式电动机		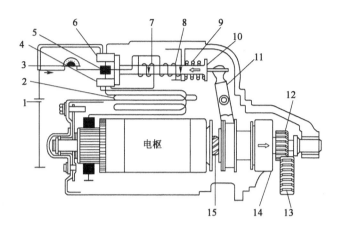
2	传动机构		
3	电磁开关		

2. 电磁开关结构。

序号	名称	作用	图片
1	吸引线圈		
2	保持线圈		
3	柱塞铁芯		
4	主触点		

3.直流串励式电动机的结构。

序号	名 称	作 用	图 片
1	机壳		
2	磁极		
3	电枢		
4	换向器		
5	电刷		
6	端盖		

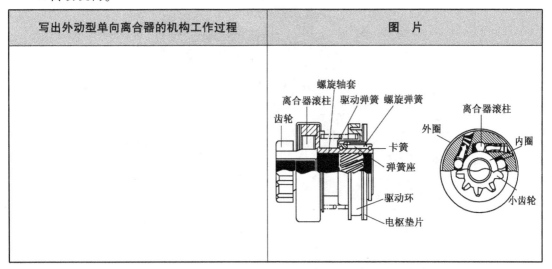

4.传动机构。

写出外动型单向离合器的机构工作过程	图 片

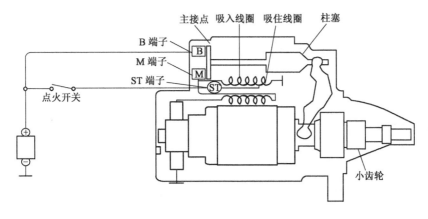

5.下表中描述了当点火开关接通起动机后起动机的工作情况,结合起动机控制原理图(图4-2)填写下表(即在相应关键词处画√),并叙述起动系统工作过程。

图4-2 起动机控制原理

序号	名称	刚接通点火开关起动挡		接触片与触点接合		断开点火开关起动挡	
1	吸引线圈	有电□	无电□	有电□	无电□	有电□	无电□
2	保持线圈	有电□	无电□	有电□	无电□	有电□	无电□
3	接触盘	左移□	右移□	左移□	右移□	左移□	右移□
4	电动机	工作□	不工作□	工作□	不工作□	工作□	不工作□
5	驱动齿轮	转动(左移□ 右移□)		转动(左移□ 右移□)		转动(左移□ 右移□)	

6. 根据图4-3所示,描述减速起动机的工作过程。

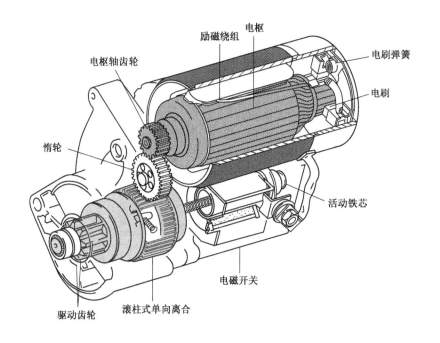

图4-3 检测起动机结构

_____
_____
_____
_____
_____。

7. 根据图4-4所示,写出起动机的四种类型。

A 类 _____。
B 类 _____。
C 类 _____。
D 类 _____。

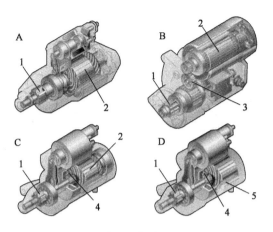

图 4-4 起动机

8. 根据图 4-4 所示,写出起动机标注序号的名称。

(1) _____ ;
(2) _____ ;
(3) _____ ;
(4) _____ ;
(5) _____ 。

9. 如图 4-5 所示,将起动机控制电路补充完整。

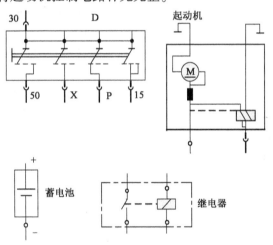

图 4-5 起动机控制电路

10. 根据图 4-5 所示,写出起动机控制原理。

_____
_____
_____
_____
_____
_____ 。

11. 查阅资料,请画出丰田凯美瑞起动机控制电路图。

21

活动 4　起动机的分解操作评估

学生姓名		日期		自评	互评	师评
一、学习评价目标						
1. 能正确从车上拆卸起动机。						
2. 能正确拆卸起动机。						
3. 能正确装复起动机。						
4. 拆下起动机上的器件,能做好清洁工作。						
5. 各铜套、轴颈、止推垫圈等部位都能加注适量的润滑脂。						
6. 能描述起动机的工作原理。						
7. 能调节电枢轴轴向间隙。						
8. 能检查各止推垫圈装配到位。						
9. 操作过程中,无返工现象。						
10. 活动中,环保意识及安全工作做得出色。						
二、学习体会						
1. 活动中对哪项技能最有兴趣？为什么？						
2. 活动中哪项技能最有用？为什么？						
3. 活动中哪项技能操作可以改进,以使操作更方便实用？请写出操作过程(请同学们大胆创新,共同研讨,不断提高操作能力)。						
4. 你还有哪些要求与设想？						
总体评价				教师签名		

任务单5　起动机的检测

一、学习目标

> 能力目标

1. 通过与顾客的交流沟通,确认车主对车辆故障现象的描述,填写任务委托书;
2. 认知起动系统的构造及其各部件的功能。学会分析、描述车辆起动系统的功能,能形象描述起动系统的工作过程;
3. 能够从车上拆卸起动机;
4. 能够按标准拆卸和安装起动机;
5. 能按标准检测起动机各部件;
6. 在检测并排除起动系统故障、试驾及验收车辆时,应如实地履行工作安全和环境保护的规定,爱护工具设备,维护实训场地的清洁;
7. 通过小组工作培养团队能力;
8. 学会与顾客、上级和同事进行沟通,并对工作情况进行说明;
9. 遵守用电安全、生产条例,避免出现意外事故;
10. 能够对工作结果进行演示。

二、学习情景

现象:起动机不能起动发动机,检测起动机和起动电路故障。
1. 记录故障现象;
2. 将车辆数据填入检测报告;
3. 界定故障范围,进一步明确方向,查找故障原因;
4. 掌握维修所必需的相关系统知识(知识补充);
5. 学习制订不同故障的维修工作计划;
6. 检查与调试,演示结果。

三、起动系的故障诊断

(一)起动机起动无力,写出故障的部位及诊断方法。

_____
_____
_____
_____。

(二)起动机不能起动,写出故障部位及诊断方法。

_____
_____
_____
_____。

四、起动机拆装与检测

(一)作业前准备					
序号	项目	作业记录	序号	项目	作业记录
1	车轮挡块		4	翼子板护围	
2	转向盘套		5	脚垫	
3	座椅套		6		

(二)车辆初始化运转检查					
序号	项目	作业记录	序号	项目	作业记录
1	发动机是否起动		4	发动机运转状况	
2	起动机是否运转		5	仪表指示状况	
3	发动机是否起动无力		6	仪表灯指示情况	

(三)就车检测起动机的电压				
序号	检查内容及步骤	序号	检查内容及步骤	检查工具是否完好
1		3		
2		4		

(四)从汽车上拆装起动机				
序号	检查内容及步骤	序号	检查内容及步骤	注意事项
1		4		
2		5		
3		6		

(五)起动机的分解				
序号	检查内容及步骤	序号	检查内容及步骤	注意事项
1		4		
2		5		
3		6		

(六)起动机解体检测					
序号	检测项目及步骤		工具名称	检测情况	注意事项
1	磁场绕组	磁场绕组断路的检查			
		磁场绕组短路的检查			

续上表

序号	检测项目及步骤		工具名称	检测情况	注意事项
2	电枢绕组	断路检查			
		短路检查			
3	电刷高度				
4	单向离合器检查				
5	电磁开关线圈	吸引线圈电阻值			
		保持线圈电阻值			
		起动机主接线柱			

计划审核(教师)	
检测中出现的问题	
经验总结及改进措施	
结论和维修建议	

年　　　月　　　日　　签名：

五、起动系统的故障诊断

(一)汽车起动系统故障现象描述
(二)故障部位原因分析
(三)根据车型画出起动电路图

续上表

(四)检测维修工具			
序号	工具名称	数量	检查工具是否完好
1			
2			
3			
(五)检测流程					
序号	项目	作业记录	序号	项目	作业记录
1			4		
2			5		
3			6		
结论和维修建议	
计划审核(教师)	年　　月　　日　　签名：

六、分组拆检起动机,并按下面的标准进行考核

序号	作业项目	评分指标	配分	评分标准	评分
1	按步骤进行拆装	步骤正确,拆装规范	30	步骤错误一次,扣2分	
2	万用表的使用	能正确熟练使用万用表	5	不能正确使用,扣5分	
3	工具使用	能正确规范熟练使用工具	5	使用工具不熟练,扣3分	
4	检测内容及方法	检测内容齐全,检测方法正确	30	检测内容少一项,扣5分;检测方法不正确,一次扣5分	
5	部件认知	能正确认知发电机组成部件	20	认错一次,扣3分	
6	安全生产	按操作规程文明生产,无事故发生	5	损坏实习用品及工具,扣5分;不文明语言,一次扣2分	
7	整理	整理工作场地	5	没有整理场地,扣5分	
	分数总计				
	评　价				

活动 5 起动机检测操作评估

学生姓名		日期		自评	互评	师评
一、学习评价目标						
1. 能正确检测定子绕组的性能。						
2. 能正确检测电磁开关的保持线圈功能。						
3. 能正确检测电磁开关的吸引线圈功能。						
4. 能正确检测转子绕组的性能。						
5. 能正确检测单向离合器。						
6. 能正确检测电刷弹簧弹力。						
7. 能正确进行换向器云母绝缘层的检测。						
8. 能按操作规程有序地进行,无违规现象。						
9. 操作过程中,无返工现象。						
10. 活动中,环保意识及安全工作做得出色。						
二、学习体会						
1. 活动中对哪项技能最有兴趣?为什么?						
2. 活动中哪项技能最有用?为什么?						
3. 活动中哪项技能操作可以改进,以使操作更方便实用?请写出操作过程(请同学们大胆创新,共同研讨,不断提高操作能力)。						
4. 你还有哪些要求与设想?						
总体评价				教师签名		

任务单6　点火系统故障诊断

一、学习目标

知识目标

1. 掌握点火系统的种类、组成及工作原理;
2. 认识点火系统的组成部件及各部件的作用;
3. 能正确识读点火系统的电路图(不同车型的点火系统电路)。

能力目标

1. 学生能借助维修手册,合理地选择维修工具对汽车点火系统设备进行检查和维修;
2. 能够检测汽车转速信号波形分析及点火线圈、火花塞、点火控制器的好坏检测;
3. 学生要对实习设备工具、车辆、仪器认真负责;
4. 通过小组工作培养团队能力;
5. 学会与顾客、上级和同事进行沟通,并对工作情况进行说明;
6. 遵守用电安全、生产条例,避免出现意外事故;
7. 能够对工作结果进行演示。

二、学习情景

现象:汽车发动无法启动,无高压电。

1. 记录故障现象;
2. 将车辆数据填入检测报告;
3. 界定故障范围,进一步明确方向,查找故障原因;
4. 掌握维修所必需的相关系统知识(知识补充);
5. 学习制订不同故障的维修工作计划;
6. 确定备件的需求量;
7. 维修并排除故障;
8. 检查与调试,演示结果。

注意事项

1. 在更换部件时,注意关闭电源;
2. 在检测电路时,防止电路短路。

三、点火机构与作用

(一)汽油发电机点火系统有哪些要求？

1. _____。
2. _____。
3. _____。

(二)汽油发电机点火系统承担了哪些任务？

_____
_____。

(三)根据图6-1所示，标注汽油发电机点火系统所对应的部件名称，并写出各部件的作用。

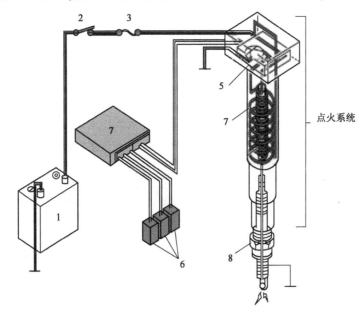

图6-1　点火系统装置

编　号	部件名称	作　用	编　号	部件名称	作　用
1			5		
2			6		
3			7		
4			8		

(四)根据表中图写出工作原理及检测方法。

1. 叙述电磁式点火系工作原理，并画出电磁输出信号波形。

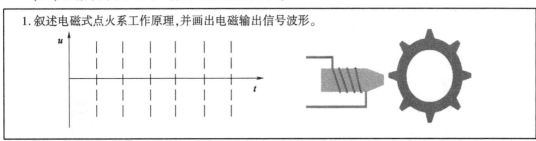

续上表

2.叙述霍尔点火系工作原理,并画出霍尔输出信号波形。 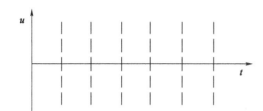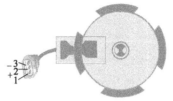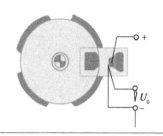	
3.叙述点火控制器工作原理,如何判断点火控制器的好坏? 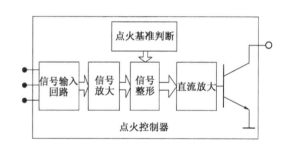	
4.叙述点火线圈工作原理,如何判断点火线圈的好坏? 	
5.叙述火花塞工作原理。 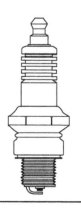	

续上表

6. 就火花塞电极间隙测量而言,下面哪一个显示的是正确位置？
A. _____   B. _____   C. _____   D. _____

7. 从下列各项中选择出有关火花塞正确状态的描述。_____
　　A.绝缘子变为棕色　　B.电极边缘变圆　　C.整个表面变黑　　D.绝缘子变为白色

8. 火花塞的种类。
(1)热型火花塞_____。
(2)冷型火花塞_____。

9. 标出下列火花塞是使用中常见的哪类故障及其造成的原因？

序号	故障类型	故障原因
1		
2		
3		

10. 如何检查火花塞电极之间的间隙,并且分析检查结果是否符合标准值,如果不在标准值范围内如何处理？

11. 如何检查火花塞绝缘？

12. 如何按规定正确选用火花塞？

13. 安装不同类型火花塞时应注意哪些问题？

四、微机控制点火系统

根据图 6-2 所示,写出微机点火系统传感器的作用。

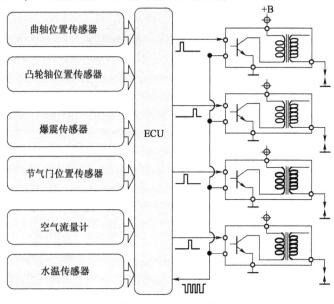

图 6-2　微机点火系统

1. 曲轴位置传感器_____。
2. 凸轮轴位置传感器_____。
3. 爆震传感器_____。
4. 节气门位置传感器_____。
5. 空气流量计_____。
6. 水温传感器_____。

五、连接电路图

(一)补充图 6-3 独立点火系统电路图,并说明点火特点及点火顺序。

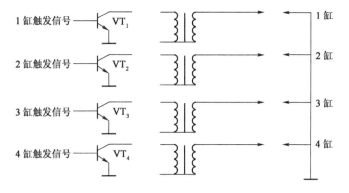

图 6-3　独立点火系统电路图

_____
_____。

(二)补充图 6-4 双缸点火系统电路图,并说明点火特点、点火顺序及高压二极管的作用。

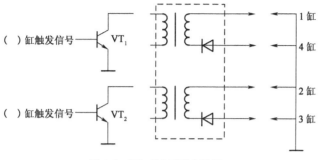

图 6-4 双缸点火系统电路图

_____

_____。

六、点火系统故障诊断与排除

(一)点火系统故障现象描述				
(二)故障部位原因分析				
(三)根据车型画出点火系电路图				
(四)检测维修工具				
序号	工具名称	数量	检查工具是否完好	
1				
2				
3				
(五)检测流程				
序号	项目	作业记录	序号	项目	作业记录
1			4		
2			5		
3			6		
结论和维修建议					
计划审核(教师)			年 月 日 签名:		

33

七、分组检测与故障诊断点火系统故障过程考核与标准

班级		姓名		学号		
工具	常用拆装工具1套,常用测量仪器1套			考试时间	年 月 日	
工作任务： 诊断与排除点火系统故障(根据车型设定故障)						
考核项目	1. 点火系统高压电检查； 2. 汽车转速传感器的检测；(根据车型霍尔式、电磁式) 3. 汽车点火控制器的检测；(输入电压、输出信号) 4. 火花塞的检查； 5. 点火正时的调整					
序号	考核内容	配分	评分标准			
1	工具、仪器的使用方法	10	①操作规范、正确无误； ②工具、仪器摆放有序、无损坏			
2	高压电的检测	10	每漏检一项扣5分,检查不准确或不符合标准要求扣10分			
3	转速传感器信号、阻值的检测	10	每漏检一项扣5分,检查不准确或不符合标准要求扣10分			
4	点火控制器电压、输出波形、输出电压的检测	5	检查不准确或不符合标准要求扣5分			
5	点火系线圈的阻值检测	10	每漏检一项扣5分,检查不准确或不符合标准要求扣10分			
6	火花塞的外观、间隙检查	10	每漏检一项扣5分,检查不准确或不符合标准要求扣10分			
7	火花塞发火性能检查	5	检查不准确或不符合标准要求扣5分			
8	高压线的阻值、干扰接头电阻检测	10	每漏检一项扣5分,检查不准确或不符合标准要求扣10分			
9	点火正时调整	20	每漏检一项扣5分,检查不准确或不符合标准要求扣20分			
10	操作规范、场地整洁有序	5	违反操作规程、环境不整洁每项扣2分,不符合标准扣5分			
11	安全、文明操作	5	尊重师生、文明礼貌,不符合标准扣5分			
得分		考评人签名		日期	年 月 日	

活动 6-1 点火系统故障检测与维修

地址：
电话：   传真：   日期：

客户名称				业务单号			
地址				车牌号码			
联系电话			联系人	车型			
发电机号			行驶里程	颜色		维修方式	
VIN 码			存油	预计完成日期			
检查项目	有√ 无× 损O						
	前照灯	转向灯		制动灯	示宽灯		
	牌照灯	车内灯		收录机	天线		
	点烟器	烟缸		电子扇	摇把		
	空调器	反光镜		室内镜	门窗玻璃		
	刮水器	喇叭		车门拉手	翼子板护围		
	脚垫	遮阳板		轴头亮盖	千斤顶		
	车轮挡块	随车工具		前车牌号	后车牌号		
	转向盘套	徽标		前商标	左后商标		
	座椅套	右后商标				存油 E||||||F	
故障现象描述							
可能故障原因分析							

根据故障现象画出局部电路图

续上表

序号	点火系统检测内容	结果分析	序号	点火系统检测内容	结果分析
1	高压电波形的检测	正常□ 不正常□	8	火花塞的外观检查	正常□ 不正常□
2	转速传感器信号波形的检测	正常□ 不正常□	9	火花塞电极间隙检查及调整	间隙为：
3	转速传感器阻值的检测	阻值为：	10	火花塞发火性能检查	正常□ 不正常□
4	点火控制器电压的检测	电压为：	11	火花塞接头电阻的检测	阻值为：
5	点火控制器输出波形的检测	正常□ 不正常□	12	高压线的阻值检测	阻值为：
6	点火控制器输出电压的检测	电压为：	13	抗干扰接头电阻检测	阻值为：
7	点火线圈的阻值检测	阻值为：	14	点火正时调整	正常□ 不正常□

结论：

※根据汽车维修行业管理部门规定：
小修或日常修保修期：三天或 500km；
发动机总成大修保修期：三个月或 10000km；
其他总成大修保修期：一个月或 5000km。
经办人：_____

※零件损坏是否更换　　□是　　□否
本人对本单以上内容已经确认,并愿按上述要求进行维修和支付有关费用。
本人已将车内现金、票据及贵重物品取走。

活动 6-2　点火系统的认识与检测评估

学生姓名		日期			自评	互评	师评
一、学习评价目标							
1. 会检查高压电的跳火。							
2. 会检测转速传感器(霍尔式、电磁式)的信号、阻值。							
3. 会检测点火控制器的电压、输出波形、输出电压。							
4. 会检测点火系线圈的阻值。							
5. 会检查火花塞的外观、间隙、性能。							
6. 知道检测高压线的阻值、干扰接头电阻。							
7. 能够调整不同车型的点火正时。							
二、学习体会							
1. 活动中对哪项技能最有兴趣？为什么？							
2. 活动中哪项技能最有用？为什么？							
3. 活动中哪项技能操作可以改进，以使操作更方便实用？请写出操作过程(请同学们大胆创新,共同研讨,不断提高操作能力)。							
4. 你还有哪些要求与设想？							
总体评价				教师签名			

任务单 7　照明电路、信号故障诊断

一、学习目标

知识目标

1. 能够认识照明、信号系统的作用；
2. 认识照明、信号系统的组成元件；
3. 能正确识读照明、信号系统的电路图(不同车型的照明、信号系电路)。

能力目标

1. 学生能借助维修手册,合理地选择维修工具对汽车照明设备进行检查和维修；
2. 能够检测汽车灯总开关、熔断器、继电器的好坏；
3. 学生要对实习设备工具、车辆、仪器认真负责；
4. 通过小组工作培养团队能力；
5. 学会与顾客、上级和同事进行沟通,并对工作情况进行说明；
6. 遵守用电安全、生产条例,避免出现意外事故；
7. 能够对工作结果进行演示。

二、学习情景

现象:汽车照明灯和信号灯有故障,检测汽车灯系电路。

1. 记录故障现象；
2. 将车辆数据填入检测报告；
3. 界定故障范围,进一步明确方向,查找故障原因；
4. 掌握维修所必需的相关系统知识(知识补充)；
5. 学习制订不同故障的维修工作计划；
6. 确定备件的需求量；
7. 维修并排除故障；
8. 按照年检的相关规定对车辆的照明设备进行检查和维修；
9. 检查与调试,演示结果。

注意事项

1. 在更换部件时,注意关闭电源；
2. 在检测电路时,防止电路短路。

三、电路基础知识

1. 电压用字母_____来表示,电压的定义是:_____。电压分为_____、_____、_____三种,汽车上通常用到的是_____和_____电压。电压的单位是_____,用字母_____来表示。

2. 电流的定义是:_____,电流用字母____来表示,根据电流的大小和方向的变化方式的不同,可以将电流分为_____、_____、_____;汽车上通常用到的是_____和_____。汽车上的蓄电池是_____电源。

3. 电阻的定义是:_____,用字母_____来表示。电阻的单位是:_____,用字母_____来表示。

4. 在纯电阻电路中,导体中的电流、电压、电阻之间的关系用公式表示为:_____,这就是欧姆定律。

5. 根据下列符号代表的含义进行连线。

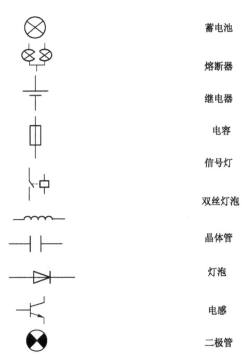

6. 将下面的电路加一个开关、熔断器,使其成为一个实际工作的电路,并将其用汽车电路图的形式表达出来(负载是一个灯泡)。

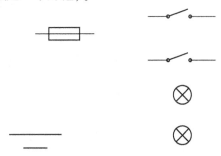

(1)在电路中画上导线,使其成为完整的电路图。
(2)在每个电气图形符号旁边标注名称。
7.将加了继电器的前照灯电路图补充完整(两个灯泡并联),并回答下列问题。

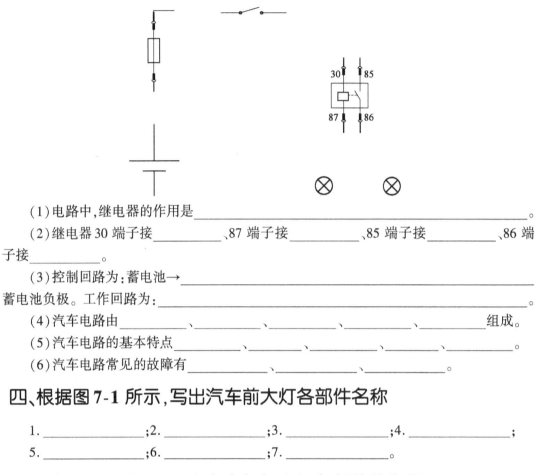

(1)电路中,继电器的作用是_____。
(2)继电器30端子接_____、87端子接_____、85端子接_____、86端子接_____。
(3)控制回路为:蓄电池→_____→
蓄电池负极。工作回路为:_____。
(4)汽车电路由_____、_____、_____、_____、_____组成。
(5)汽车电路的基本特点_____、_____、_____、_____。
(6)汽车电路常见的故障有_____、_____、_____。

四、根据图7-1所示,写出汽车前大灯各部件名称

1._____;2._____;3._____;4._____;
5._____;6._____;7._____。

五、根据图7-2所示,写出汽车氙气大灯各部件的作用

图7-1 大灯总成

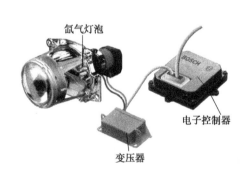

图7-2 氙气大灯总成

(一)电子控制器的作用：
_____
_____
_____
_____。

(二)变压器的作用：
_____
_____
_____
_____。

(三)氙气灯泡的作用：
_____
_____
_____
_____。

六、根据电路图连接电路并分析电路图

(一)在图7-3桑塔纳轿车照明电路图中,连接电路图。

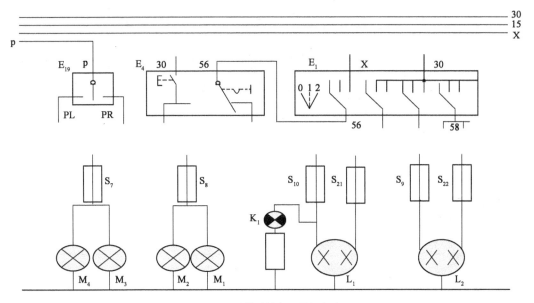

图7-3 桑塔纳轿车照明电路图

E_{19}-停车灯开关；E_4-变光开关；E_1-灯光总成开关；M_1、M_2-右示宽灯；M_3、M_4-左示宽灯；K_1-远光灯指示灯；L_1-左前照灯；L_2-右前照灯开关；E_{19}-停车开关

(二)根据图7-4,分析丰田轿车电路图。

1.示宽灯的电流走向：_____

2. 近光灯的电流走向：_____

3. 远光灯的电流走向：_____

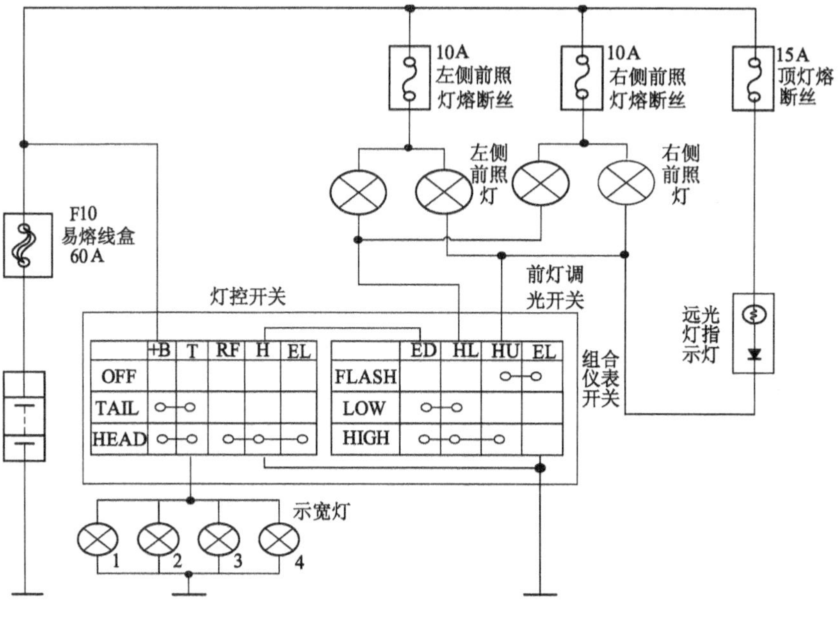

图 7-4　丰田轿车照明电路

4. 根据图 7-4 电路图，对前大灯进行故障诊断。

(1) 左前近光灯不亮，说出故障部位及诊断方法。

_____

(2) 前远光灯都不亮，说出故障部位及诊断方法。

_____

5. 根据图 7-5 丰田轿车车灯组合开关,写出组合开关导通状态和各端子的作用。

测试端子	前灯组合开关位置	标注值	
	OFF	导通□	不导通□
1—2	TAIL	导通□	不导通□
1—2 3—4—7	HEAD	导通□	不导通□
5—6—7	FLASH	导通□	不导通□
4—7	LOW	导通□	不导通□
4—5—6	HIGH	导通□	不导通□

端子	端子作用
1	
2	
3	
4	
5	
6	
7	

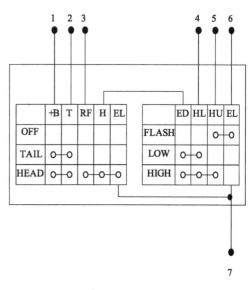

图 7-5 丰田轿车车灯组合开关

6. 根据图 7-6 所示,写出各端子作用及开关的通断状态。

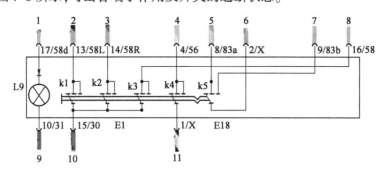

图 7-6 帕萨特总开关

端子	端子作用	端子	端子作用
1		7	
2		8	
3		9	
4		10	
5		11	
6			

续上表

写出各挡位开关状态											备注
挡位	端子	开关状态		挡位	端子	开关状态		挡位	端子	开关状态		
一挡	17–10	通	断	二挡	17–10	通	断	前雾灯	2–8	通	断	
	13–15	通	断		13–15	通	断		2–9	通	断	
	14–15	通	断		14–15	通	断	后雾灯	2–8	通	断	
	16–15	通	断		16–15	通	断		2–9	通	断	
	4–1	通	断		4–1	通	断		说明开关状态			
		通	断		2–8	通	断					
		通	断		2–9	通	断					

(三) 根据图 7-7 所示,分析丰田轿车防雾灯电路图。

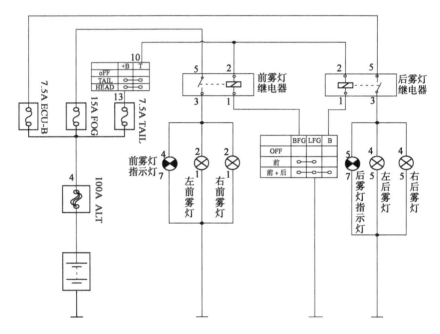

图 7-7 丰田轿车雾灯电路

1. 分析前防雾灯的电流走向：＿＿＿。

2. 分析后防雾灯的电流走向：＿＿＿。

3.根据图7-7所示,对丰田轿车进行防雾灯的故障诊断。

(1)左前防雾灯不亮,说出故障部位及诊断方法。

_____
_____
_____
_____。

(2)后防雾灯都不亮,说出故障部位及诊断方法。

_____
_____
_____
_____。

(四)根据图7-8所示,写出丰田轿车转向灯和应急灯的控制原理。

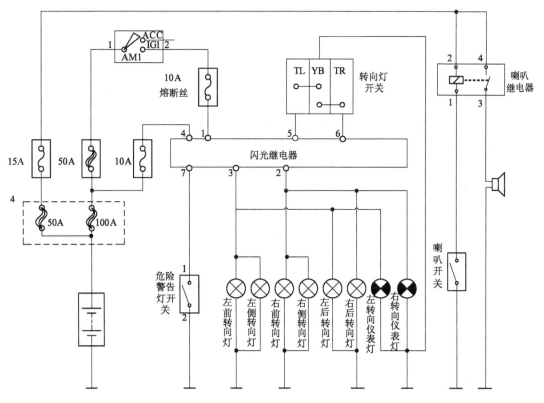

图7-8 丰田轿车转向灯和应急灯电路

1.写出左转向灯控制原理:_____
_____
_____
_____。

2.写出危险警告灯的控制原理:_____
_____

3. 写出喇叭的控制原理：_____
_____
_____。

4. 左前转向灯不亮，说出故障部位及诊断方法_____
_____
_____。

5. 右转向灯都不亮，说出故障部位及诊断方法_____
_____
_____。

6. 危险警告灯都不亮，说出故障部位及诊断方法_____
_____
_____。

7. 写出闪光继电器端子电压和各端子作用。

测试端子	测试条件	标 准 值
1—搭铁	点火开关 OFF 位置	
1—搭铁	点火开关 ON 位置	
4—搭铁	—	
2—搭铁	转向信号开关（右）OFF→ON	
3—搭铁	转向信号开关（左）OFF→ON	
5—搭铁	转向信号开关（左）OFF→ON	
6—搭铁	转向信号开关（右）OFF→ON	
7—搭铁	应急警告开关 OFF→ON	
端子	闪光继电器端子作用	端子	闪光继电器端子作用
1		5	
2		6	
3		7	
4		闪光继电器检测结果：	

七、分组拆检汽车灯系电路故障诊断与排除过程考核与标准

班级		姓名		学号		
工具	常用拆装工具1套,常用测量仪器1套			考试时间	年 月 日	

工作任务：
检测汽车灯光电路故障诊断(根据故障设定)

考核项目	1.汽车灯总成拆装步骤(前照灯、尾灯总成); 2.汽车灯光电路故障诊断(远近光灯、转向灯、制动灯、防雾灯); 3.汽车灯光开关检测(总开关、专项开关、应急开关)

序号	考核内容	配分	评分标准	
1	车灯总成拆装步骤	10	①拆解顺序正确、操作规范、标记正确无误; ②零部件摆放有序、无损坏	
2	灯光检测(根据故障检测)	15	每漏检一项扣5分,检查不准确或不符合标准要求扣15分	
3	灯光插头检测	10	每漏检一项扣5分,检查不准确或不符合标准要求扣10分	
4	灯光熔断器检测	5	检查不准确或不符合标准要求扣5分	
5	灯光继电器检测	20	每漏检一项扣5分,检查不准确或不符合标准要求扣20分	
6	灯光开关检测	20	每漏检一项扣5分,检查不准确或不符合标准要求扣20分	
7	操作规范、场地整洁有序、安全	10	违反操作规程、环境不整洁每项扣2分	
8	文明素质	10	尊重师生、文明礼貌	
得分		考评人签名		日期	年 月 日	

活动 7-1 照明电路故障诊断与维修

地址：

电话：　　　　　　　　　传真：　　　　　　　　　日期：

客户名称				业务单号			
地址				车牌号码			
联系电话			联系人		车型		
发电机号			行驶里程		颜色		维修方式
VIN 码			存油		预计完成日期		

检查项目	作业记录:正常√　　不正常×　　损 O						
	前照灯		转向灯		制动灯		示宽灯
	牌照灯		车内灯		收录机		天线
	点烟器		烟缸		电子扇		摇把
	空调器		反光镜		室内镜		门窗玻璃
	刮水器		喇叭		车门拉手		翼子板护围
	脚垫		遮阳板		轴头亮盖		千斤顶
	车轮挡块		随车工具		前车牌号		后车牌号
	转向盘套		徽标		前商标		左后商标
	座椅套		右后商标				

存油 E|　|　|　|　|F

故障现象描述	
可能故障原因分析	

根据故障现象画出局部电路图

序号	检查或检测内容	注意事项	理论值	实测值	结果分析
1	近光灯灯泡				
2	远光灯灯泡				
3	灯座电压				

续上表

序号	检查或检测内容	注意事项	理论值	实测值	结果分析
4	远、近光灯熔断器				
5	前照灯继电器				
6	变光开关				
7	灯光组合灯开关				
8	前后防雾灯灯泡				
9	防雾灯灯座电压				
10	防雾灯熔断器				
11	防雾灯继电器				
12	防雾灯开关				

结论：

※根据汽车维修行业管理部门规定： 小修或日常修保修期：三天或 500km； 发动机总成大修保修期：三个月或 10000km； 其他总成大修保修期：一个月或 5000km。 经办人：＿＿＿＿＿＿	※零件损坏是否更换　　□是　　□否 本人对本单以上内容已经确认，并愿按上述要求进行维修和支付有关费用。 本人已将车内现金、票据及贵重物品取走。

活动 7-2　照明开关的识别与检测评估

学生姓名		日期		自评	互评	师评
一、学习评价目标						
1. 能检测汽车灯泡的好坏。						
2. 能检测灯光继电器的好坏。						
3. 能看懂照明开关的表格表示图。						
4. 能分析各种车型的照明电路。						
5. 能通过试灯工具检测出照明电路故障。						
6. 能识图各种车型灯系控制电路图。						
7. 能说出各种车型组合开关的接线柱名称。						
8. 活动中,环保意识及有关工作做得出色。						
二、学习体会						
1. 活动中对哪项技能最有兴趣?为什么?						
2. 活动中哪项技能最有用?为什么?						
3. 活动中哪项技能操作可以改进,以使操作更方便实用?请写出操作过程(请同学们大胆创新,共同研讨,不断提高操作能力)。						
4. 你还有哪些要求与设想?						
总体评价				教师签名		

任务单8　电动控制电路的检修

一、学习目标

知识目标

1. 能认识电动车窗、门锁、后视镜、电动座椅电器系统各元件及其在汽车上的安装位置；
2. 会识读电动车窗、门锁、后视镜、电动座椅电路图。

能力目标

1. 学生能借助维修手册，合理地选择维修工具，对汽车电动门窗进行检查和维修；
2. 能够检测汽车门窗、门锁、后视镜、电动座椅的开关、熔断器、继电器的好坏；
3. 能进行车窗、门锁、后视镜、电动座椅系统的拆装；
4. 学生要对实习设备工具、车辆、仪器认真负责；
5. 通过小组工作培养团队能力；
6. 学会与顾客、上级和同事进行沟通，并对工作情况进行说明；
7. 遵守用电安全、生产条例，避免出现意外事故；
8. 能够对工作结果进行演示。

二、学习情景

现象：电动门窗、门锁、后视镜、电动座椅有故障，检测汽车电动系统故障。

1. 记录故障现象；
2. 将车辆数据填入检测报告；
3. 界定故障范围，进一步明确方向，查找故障原因；
4. 掌握维修所必需的相关系统知识（知识补充）；
5. 学习制订不同故障的维修工作计划；
6. 确定备件的需求量；
7. 维修并排除故障；
8. 按照年检的相关规定对车辆的电动门窗进行检查和维修；
9. 检查与调试，演示结果。

注意事项

1. 在更换部件时，注意关闭电源；
2. 在检测电路时，防止电路短路。

三、电动车窗的构造

写出图 8-1 与图 8-2 中电动车窗的各个部件名称。

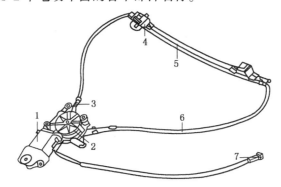

图 8-1　电动拉线式升降器

1._____；2._____；3._____；4._____；
5._____；6._____；7._____。

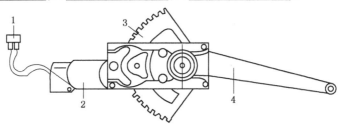

图 8-2　电动车窗转升降器

1._____；2._____；3._____；4._____。

四、电动车窗控制电路的工作原理

(一)根据图 8-3 所示,写出左前门电动车窗升、降控制原理。

1. 左前门车窗升起的电流流向。

_____。

2. 左前门车窗降落的电流流向。

_____。

(二)根据图 8-3 所示,写出右后门电动车窗升、降控制原理。

1. 右后门车窗升起的电流流向。

_____。

2.右后门车窗降落的电流流向。
_____
_____
_____。

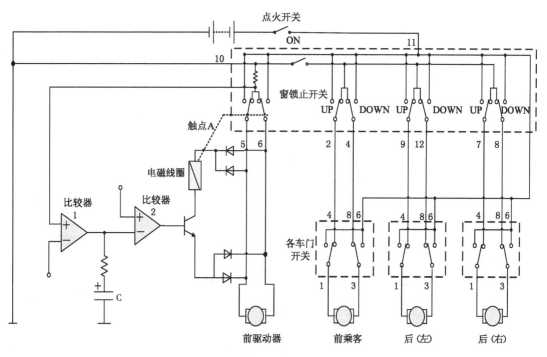

图8-3 北京现代轿车电动车窗控制电路

(三)根据图8-3,写出乘客右前门升、降控制原理。
1.乘客右前门车窗升起的电流流向。
_____
_____
_____。

2.乘客右前门车窗降落的电流流向。
_____
_____
_____。

(四)根据图8-4所示,写出自动车窗控制的玻璃升、降控制原理。
_____
_____
_____。

五、电动车窗的检修及故障诊断

(一)根据图8-5所示,写出电动车窗的检修及故障诊断。

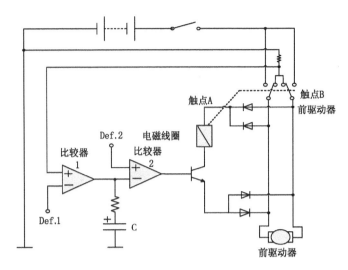

图 8-4 自动车窗控制电路

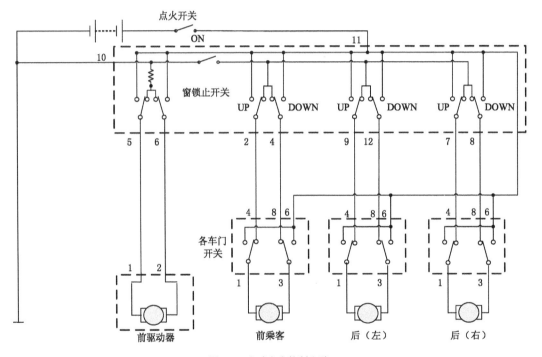

图 8-5 电动车窗控制电路

常见故障	故障原因	诊断思路
某个车窗只能向一个方向运动		
某个车窗两个方向都不能运动		
所有车窗均不能升降或偶尔不能升降		
两个后车窗分开关不起作用		

(二)根据图 8-5 所示,用万用表的欧姆档按照下表检查总开关在车窗处于上升、下降和关闭状态时各个端子的导通(利用划线方式表示导通)情况。

端子 位置	左前				右前				左后				右后			
	5	6	10	11	2	4	10	11	9	10	11	12	7	8	10	11
向上																
关闭																
向下																

(三)根据图 8-5 所示,用万用表的欧姆档按照下表检查乘客车窗分开关在车窗处于上升、下降和关闭状态时各个端子的导通(利用划线方式表示导通)情况。

端子 位置	1	3	4	6	8
向上					
关闭					
向下					

六、电动门锁的组成与控制原理

(一)门锁控制开关的作用:
_____
_____。

(二)钥匙操纵开关的作用:
_____
_____。

(三)行李舱门开启器开关的作用:
_____
_____。

(四)行李舱门开启器的作用:
_____
_____。

(五)根据图 8-6 所示,写出集成电路(IC)—继电器控制的中控门锁控制器的工作原理。
用门锁控制开关锁门和开锁。

(1)锁门:_____
_____
_____。

(2)开锁:_____
_____
_____。

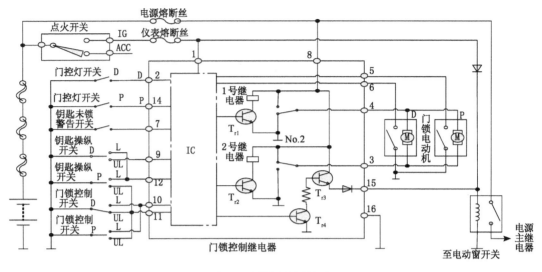

图 8-6 中控门锁控制电路

（六）电动门锁故障与排除

1. 汽车电动门锁故障现象描述
2. 故障部位原因分析
3. 根据车型画出电动门锁控制电路图

续上表

4.检测维修工具

序号	工具名称	数量	检查工具是否完好
1			
2			
3			

5.检测流程

序号	项目	作业记录	序号	项目	作业记录
1			4		
2			5		
3			6		
结论和维修建议					
计划审核(教师)			年　　月　　日　　签名：		

七、电动座椅的控制电路

广州本田雅阁轿车驾驶席座椅有8种可调方式:前端上、下调节;后端上、下调节;前、后调节;向前、向后倾斜调节,如图8-7所示。

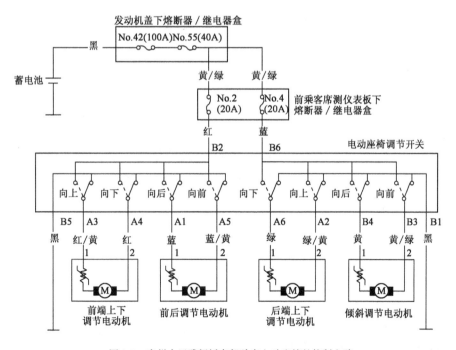

图8-7　广州本田雅阁轿车驾驶席电动座椅的控制电路

通过电动座椅调节开关,即可完成不同的调节功能,如电动座椅前端上、下调节,其电路为以下两种。

(一)向上调节

当将电动座椅前端上、下调节开关拨到"向上"位置时,电路中的电流为:

_____

_____

_____。

(二)向下调节

当将电动座椅前端上下调节开关拨到"向下"位置时,电路中的电流为:

_____

_____

_____。

八、电动后视镜的控制电路

(一)根据图8-8所示,写出电动后视镜控制原理。

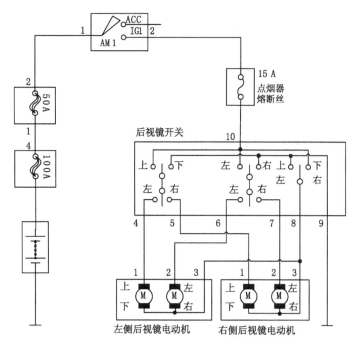

图8-8 电动后视镜控制电路

1.左后视镜的向左向右电流流向。

_____

_____。

2.右后视镜的向上向下电流流向。

_____

(二)根据图8-8画出电动后视镜总成开关的通断(利用划线方式表示导通)。

后视镜	端子号 动作	1	2	3	4	5	6	7	8	9	10
左	上										
	下										
	OFF										
	左										
	右										
右	上										
	下										
	OFF										
	左										
	右										

(三)电动后视镜故障诊断。

故障现象	故障原因	故障排除方法	
电动后视镜均不能动		□更换 □更换 □更换	□修理 □修理 □修理
一侧电动后视镜不能动		□更换 □更换 □更换	□修理 □修理 □修理
一侧电动后视镜上下方向不能动		□更换 □更换 □更换	□修理 □修理 □修理
一侧电动后视镜左右方向不能动		□更换 □更换 □更换	□修理 □修理 □修理

九、电动门窗电路控制故障诊断与排除过程考核与标准

班级		姓名		学号		
工具	常用拆装工具1套,常用测量仪器1套			考试时间	年 月 日	
工作任务: 某个电动门窗不工作故障诊断方法				说明:丰田系列轿车		
考核项目	1.电动门窗面板拆装步骤;4.接线插头检测; 2.驾驶员总开关故障诊断;5.电动门窗电机检测; 3.乘客控制开关故障诊断;6.电动门窗机械检查					
检查内容			检查结果			
电动门窗面板拆装步骤						
电动门窗总开关、插头插座检测			总开关□ 乘客开关□ 电动机□ 保险□			
电动门窗电机、乘客开关检测			接线插头□			

序号	考核内容	配分	评分标准	
1	电动门窗面板拆装步骤	10	①拆解顺序正确、操作规范、标记正确无误; ②零部件摆放有序、无损坏	
2	驾驶员总开关故障诊断	20	每漏检一项扣5分,检查不准确或不符合标准要求扣20分	
3	乘客控制开关故障诊断	10	每漏检一项扣5分,检查不准确或不符合标准要求扣10分	
4	接线插头检测	10	每漏检一项扣5分,检查不准确或不符合标准要求扣10分	
5	电动门窗电机检测	15	每漏检一项扣5分,检查不准确或不符合标准要求扣15分	
6	电动门窗机械检查	15	每漏检一项扣5分,检查不准确或不符合标准要求扣15分	
7	操作规范、场地整洁有序、安全	10	违反操作规程、环境不整洁每项扣2分	
8	文明素质	10	尊重师生、文明礼貌	
得分		考评人签名	日期	年 月 日

活动 8-1 电动门窗故障诊断与检测

地址：
电话：　　　　　　　传真：　　　　　　　日期：

客户名称					业务单号			
地址					车牌号码			
联系电话			联系人		车型			
发电机号			行驶里程		颜色		维修方式	
VIN 码			存油		预计完成日期			
检查项目	作业记录:正常√　不正常×　损O							
	前照灯		转向灯		制动灯		示宽灯	
	牌照灯		车内灯		收录机		天线	
	点烟器		烟缸		电子扇		摇把	
	空调器		反光镜		室内镜		门窗玻璃	
	刮水器		喇叭		车门拉手		翼子板护围	
	脚垫		遮阳板		轴头亮盖		千斤顶	
	车轮挡块		随车工具		前车牌号		后车牌号	
	转向盘套		徽标		前商标		左后商标	
	座椅套		右后商标					
故障现象描述								
可能故障原因分析								

存油 E|┊┊┊┊|F

根据故障现象画出局部电路图

续上表

序号	总开关门窗检测内容	结果分析	序号	乘客开关检测内容	结果分析
1	门窗保险的检测		1	乘客的右门开关检测	
2	门窗继电器的检测		2	乘客的左后门开关检测	
3	驾驶员门窗总开关的电压检测		3	乘客的右后门开关检测	
4	左前门开关的检测		4	乘客的右前门电机检测	
5	右前门开关的检测		5	乘客的左后门电机检测	
6	左后门开关的检测		6	乘客的右后门电机检测	
7	右后门开关的检测		7	驾驶员门窗电机的检测	
结论：					
※根据汽车维修行业管理部门规定： 小修或日常修保修期：三天或500km； 发动机总成大修保修期：三个月或10000km； 其他总成大修保修期：一个月或5000km。 经办人：＿＿＿＿＿＿＿＿＿＿			※零件损坏是否更换　　□是　　□否 本人对本单以上内容已经确认,并愿按上述要求进行维修和支付有关费用。 本人已将车内现金、票据及贵重物品取走		

活动 8-2　电动系统的检测评估

学生姓名		日期		自评	互评	师评
一、学习评价目标						
1. 能拆卸电动门窗护板。						
2. 能检测驾驶员门窗总开关的好坏。						
3. 能检测乘客门窗开关好坏。						
4. 能检测门窗电机的好坏。						
5. 能拆卸门锁总成。						
6. 能检测开门和锁门的信号。						
7. 能分析电动后视镜电路控制原理。						
8. 能通过试灯或万用表检测出电动系统电路故障。						
9. 能识读各种车型电动系统的电路图。						
10. 活动中,环保意识及有关工作做得出色。						
二、学习体会						
1. 活动中感觉哪个技能最有兴趣？为什么？						
2. 活动中哪个技能最有用？为什么？						
3. 活动中哪个技能操作可以改进,以使操作更方便实用？请写出操作过程(请同学们大胆创新,共同研讨,不断提高操作能力)。						
4. 你还有哪些要求与设想？						
总体评价				教师签名		

任务单9　风窗清洁装置的检修

一、学习目标

知识目标

1. 了解刮水器与洗涤器的构造；
2. 能够分析刮水器控制电路图（低速、高速、间隙）；
3. 掌握电动刮水器、风窗玻璃洗涤器和除霜装置的基本结构及工作原理。

能力目标

1. 学生能借助维修手册，合理地选择维修工具，对汽车电动刮水器进行检查和维修；
2. 能进行刮水器电路、传动装置系统的拆装；
3. 能够检测汽车刮水器调速开关、熔断器、继电器的好坏；
4. 能够正确检查电动刮水器、风窗玻璃洗涤器的工作电路，并对常见故障进行检修；
5. 学生要对实习设备工具、车辆、仪器认真负责；
6. 通过小组工作培养团队能力；
7. 学会与顾客、上级和同事进行沟通，并对工作情况进行说明；
8. 遵守用电安全、生产条例，避免出现意外事故；
9. 能够对工作结果进行演示。

二、学习情景

现象：刮水器不工作，检测刮水器电路故障。

1. 记录故障现象；
2. 将车辆数据填入检测报告；
3. 界定故障范围，进一步明确方向，查找故障原因；
4. 掌握维修所必需的相关系统知识（知识补充）；
5. 学习制订不同故障的维修工作计划；
6. 确定备件的需求量；
7. 维修并排除故障；
8. 按照相关规定对车辆的刮水器进行检查和维修；
9. 记录检查及调试结果。

注意事项

1. 在更换部件时，注意关闭电源；
2. 在检测电路时，防止电路短路。

三、刮水器的各部件组成及电路控制原理

(一)根据图9-1所示,写出刮水器各部件的名称。

1.＿＿＿＿＿＿＿；2.＿＿＿＿＿＿＿；3.＿＿＿＿＿＿＿；
4.＿＿＿＿＿＿＿；5.＿＿＿＿＿＿＿；6.＿＿＿＿＿＿＿。

(二)根据图9-2所示,写出三刷永磁式刮水器工作过程。

_____
_____
_____。

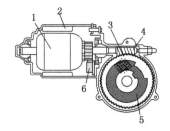

图9-1 刮水器的结构

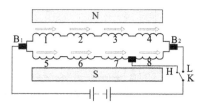

图9-2 刮水器的原理

(三)同步振荡电路控制的间歇刮水器控制电路如图9-3所示。

1.写出图9-3所示带序号部件名称。

(1)＿＿＿＿＿＿＿；(2)＿＿＿＿＿＿＿；
(3)＿＿＿＿＿＿＿；(4)＿＿＿＿＿＿＿；
(5)＿＿＿＿＿＿＿；(6)＿＿＿＿＿＿＿；
(7)＿＿＿＿＿＿＿。

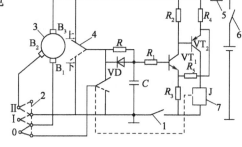

图9-3 同步式间歇刮水器的控制电路

2.低速时电流走向：

_____
_____
_____
_____。

3.自动回位的电流走向：

_____
_____
_____
_____。

(四)丰田乘用车风窗玻璃刮水器电路。

根据图9-4所示,写出丰田乘用车风窗玻璃刮水器控制电路的工作原理。

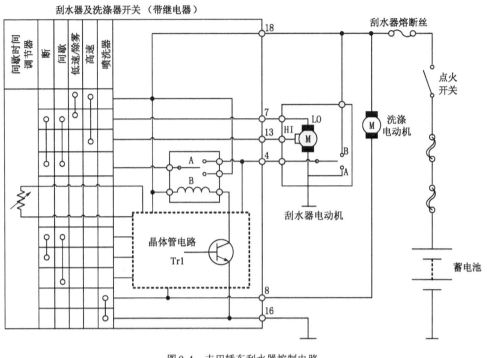

图9-4 丰田轿车刮水器控制电路

(1)低速时控制电路原理：

(2)高速时控制电路原理：

(3)间隙时控制电路原理：

(4)洗涤时控制电路原理：

（五）用划线的方式画出下表中各个端子之间的导通情况，并检查开关的好坏。

开关位置	端子(颜色)	18 (L-R)	7 (L-B)	13 (L-O)	4 (B)	8 (L)	16 (W-B)	结果
刮水器	MIST(除雾)							□好□坏
	OFF(断)							□好□坏
	INT(间歇)							□好□坏
	LO(低速)							□好□坏
	HI(高速)							□好□坏
喷洗器	OFF(断)							□好□坏
	ON(通)							□好□坏

（六）刮水器电动机的检查。

1. 根据图 9-5 所示，写出刮水器电动机低速检查的步骤：

_____

_____。

2. 根据图 9-6 所示，写出刮水器电动机高速检查的步骤：

_____

_____。

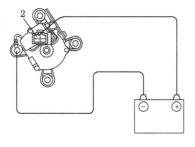
图 9-5　刮水器低速检查

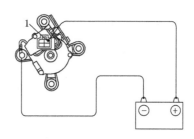
图 9-6　刮水器高速检查

3. 根据图 9-7、图 9-8 所示，写出刮水器自动复位检查的步骤：

_____

_____。

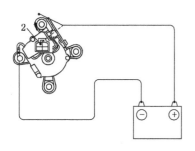
图 9-7　刮水器自动复位检查步骤1

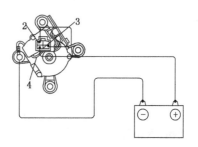
图 9-8　刮水器自动复位检查步骤2

4. 根据图9-9所示,写出洗涤泵电动机的检查步骤:
_____
_____。

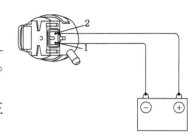

图9-9 洗涤电动机的检查

(七)刮水器和清洗装置的故障排除。

刮水器常见故障包括各挡都不工作、雨刷不能停在正确位置等。

将刮水器和清洗装置常见故障及排除填在下表中。

序号	故障现象	可能的故障原因	排除方法
1	接通点火开关,拨动刮水器各挡开关,刮水器均不工作		
2	刮水器在"慢挡"工作,其余各挡均不工作		
3	刮水器快挡工作正常,其余挡均不工作		
4	刮水器在"间歇"挡不工作,其余各挡均工作正常		
5	刮水器开关在"喷水挡",刮水与喷水均不工作,其余各挡均工作正常		
6	玻璃上留存水迹擦痕		
7	刮水后仍留有积水		
8	刮水片一侧正常,另一侧嘎嘎作响		
9	部分表面刮不到		
10	雨刷不能停在正确位置		

68

活动 9-1　刮水器故障诊断与维修

(一)作业前准备

序号	项目	作业记录	序号	项目	作业记录
1	车轮挡块		4	翼子板护围	
2	转向盘套		5	脚垫	
3	座椅套				

(二)车辆初始化运转检查

序号	项目	作业记录	序号	项目	作业记录
1	刮水器高、低速工作状况		4	发动机运转状况	
2	刮水器间隙工作状况		5	仪表指示状况	
3	玻璃上留存水迹擦痕		6	指示灯情况	

(三)就车检测保险状况

序号	检查内容及步骤	序号	检查内容及步骤	检查工具是否完好
1		3		
2		4		

(四)就车检测间隙继电器状况

序号	检查内容及步骤	序号	检查内容及步骤	注意事项
1		4		
2		5		
3		6		

(五)检测刮水器低速、高速、间隙开关状况

序号	检查内容及步骤	序号	检查内容及步骤	注意事项
1		4		
2		5		
3		6		

(六)刮水器电机解体检测

序号	检测项目及步骤		工具名称	检测情况	注意事项
1	磁场绕组	磁场绕组断路的检查			
		磁场绕组短路的检查			
2	电枢绕组	断路检查			
		短路检查			

续上表

序号	检测项目及步骤		工具名称	检测情况	注意事项
3	刮水器复位开关检测	复位开关线路			
		复位开关触点			
计划审核(教师)					
检测中出现的问题					
经验总结及改进措施					
结论和维修建议					

年　　月　　日　　签字：

活动 9-2　风窗清洁装置的检测评估

学生姓名		日期		自评	互评	师评
一、学习评价目标						
1. 能拆卸电动刮水器装置。						
2. 能拆卸刮水器电动机总成。						
3. 能检测刮水器开关的好坏。						
4. 能检测电动刮水器电动机的好坏。						
5. 能看懂不同车型电动刮水器控制电路图。						
6. 能说出刮水器间隙继电器工作原理。						
7. 能将刮水器安装在汽车上。						
8. 能通过试灯或万用表检测出电动刮水器电路故障。						
9. 能检测与排除洗涤故障。						
10. 活动中,环保意识及有关工作做得出色。						
二、学习体会						
1. 活动中哪个技能最有兴趣？为什么？						
2. 活动中哪个技能最有用？为什么？						
3. 活动中哪个技能操作可以改进,以使操作更方便实用？请写出操作过程(请同学们大胆创新,共同研讨,不断提高操作能力)。						
4. 你还有哪些要求与设想？						
总体评价				教师签名		

任务单10　空调系统认识

一、学习目标

知识目标

1. 空调系统的基本知识、基本组成和基本工作原理；
2. 暖风系统的类型、组成和基本工作原理；
3. 空调制冷系统的组成、基本工作原理和主要组成件的结构及工作原理；
4. 通风系统和空气净化系统的结构和工作原理；
5. 了解空调控制系统的功能、电路和基本工作原理。

能力目标

1. 会对空调制冷系统进行维护和排除简单故障；
2. 能够检测汽车空调电路控制开关、熔断器、继电器的好坏；
3. 能够使用汽车空调仪器,检测制冷系统的压力和加注冷媒过程；
4. 学生要对实习设备工具、车辆、仪器认真负责；
5. 能够对工作结果进行演示。

二、学习情景

现象:汽车空调系统不制冷或无暖风,检测汽车空调系统故障。

1. 收集车辆和顾客信息(老师讲解汽车空调的结构和原理)；
2. 学生掌握汽车空调系统相关知识；
3. 通过讲解案例,学生知道故障现象和部位；
4. 学生通过故障现象,提高理论知识；
5. 学生掌握汽车空调系统的故障现象和故障部位；
6. 学生查阅资料,了解不同车型的汽车空调系统的相关知识。

注意事项

1. 在更换部件时,注意关闭电源；
2. 在检测电路时,防止电路短路。

三、空调系统的工作过程

根据图10-1所示,写出汽车空调系统工作过程。

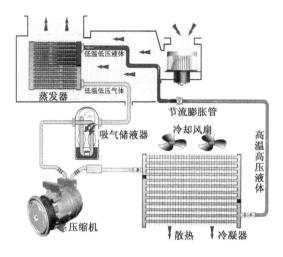

图 10-1 汽车空调系统

_____
_____
_____
_____
_____。

四、暖风系统的工作过程

根据图 10-2 所示,写出空调暖风系统的工作过程。

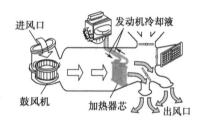

_____
_____。

1. 加热器芯的作用:

_____。

2. 水阀的作用:

_____。

图 10-2 空调暖风系统

3. 鼓风机的作用:

_____。

五、空调系统的部件及其作用

(一)写出右图汽车空调控制面板中标号的名称。

1._____;2._____;
3._____;4._____;
5._____;6._____。

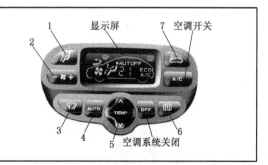

续上表

(二)写出右图汽车空调控制面板的作用。 1.温度调节旋钮： ＿＿＿＿＿＿＿＿＿＿＿＿＿＿＿＿＿。 2.鼓风机速度选择键： ＿＿＿＿＿＿＿＿＿＿＿＿＿＿＿＿＿。 3.气流模式选择旋钮： ＿＿＿＿＿＿＿＿＿＿＿＿＿＿＿＿＿。	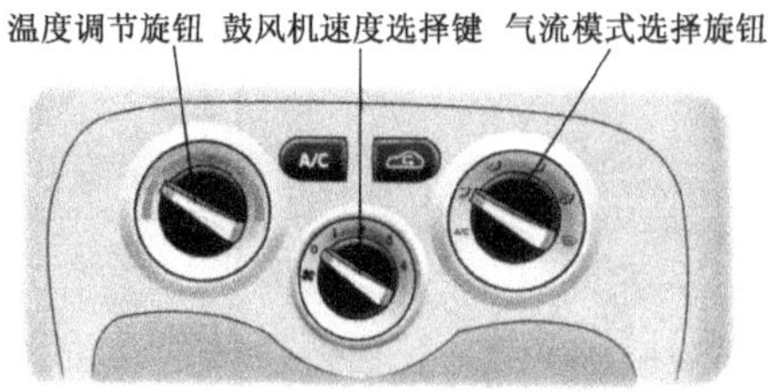 温度调节旋钮　鼓风机速度选择键　气流模式选择旋钮 旋钮型
(三)写出右图汽车空调的部件名称及作用。 1.＿＿＿＿＿。作用＿＿＿＿＿＿＿＿。 2.＿＿＿＿＿。作用＿＿＿＿＿＿＿＿。 3.＿＿＿＿＿。作用＿＿＿＿＿＿＿＿。 4.＿＿＿＿＿。作用＿＿＿＿＿＿＿＿。 5.＿＿＿＿＿。作用＿＿＿＿＿＿＿＿。	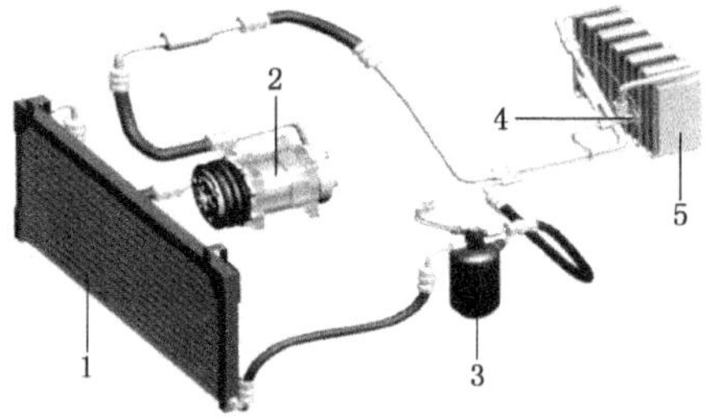
(四)压缩机。 1.写出右图压缩机的作用： ＿＿＿＿＿＿＿＿＿＿＿＿＿＿＿＿＿ ＿＿＿＿＿＿＿＿＿＿＿＿＿＿＿＿＿ ＿＿＿＿＿＿＿＿＿＿＿＿＿＿＿＿＿。 2.写出右图中标号的名称。 1.＿＿＿＿＿＿＿；2.＿＿＿＿＿＿＿； 3.＿＿＿＿＿＿＿；4.＿＿＿＿＿＿＿； 5.＿＿＿＿＿＿＿。	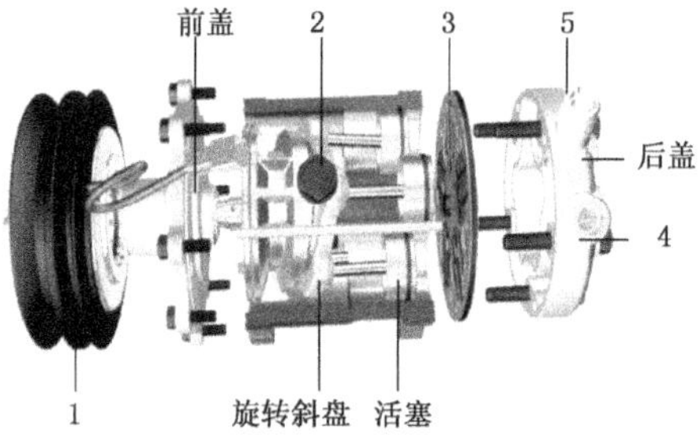 前盖　2　3　5 后盖 4 1　旋转斜盘　活塞
3.写出右图中标号的名称。 1.＿＿＿＿＿＿＿＿＿＿＿＿＿＿＿； 2.＿＿＿＿＿＿＿＿＿＿＿＿＿＿＿； 3.＿＿＿＿＿＿＿＿＿＿＿＿＿＿＿； 4.＿＿＿＿＿＿＿＿＿＿＿＿＿＿＿。	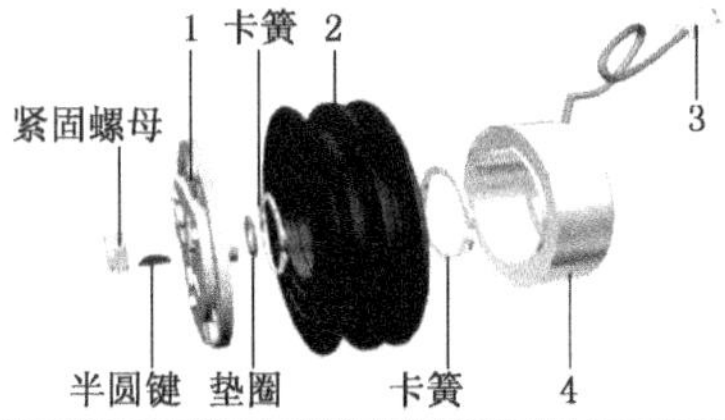 1　卡簧　2 紧固螺母　　　　3 半圆键　垫圈　卡簧　4
4.写出右图中标号的名称。 1.＿＿＿＿＿＿＿；2.＿＿＿＿＿＿＿； 3.＿＿＿＿＿＿＿；4.＿＿＿＿＿＿＿。	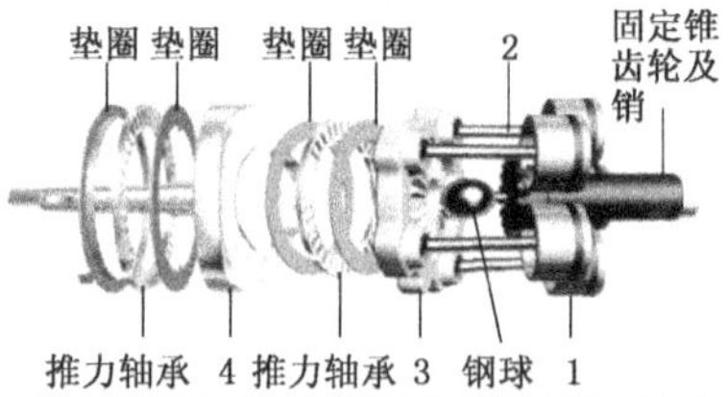 垫圈　垫圈　垫圈　垫圈　2　固定锥齿轮及销 推力轴承　4　推力轴承　3　钢球　1
5.写出右图中标号的名称。 1.＿＿＿＿＿＿＿＿＿＿＿＿＿＿＿； 2.＿＿＿＿＿＿＿＿＿＿＿＿＿＿＿； 3.＿＿＿＿＿＿＿＿＿＿＿＿＿＿＿。	密封垫　1　密封垫 垫圈 螺栓 2　3　螺母

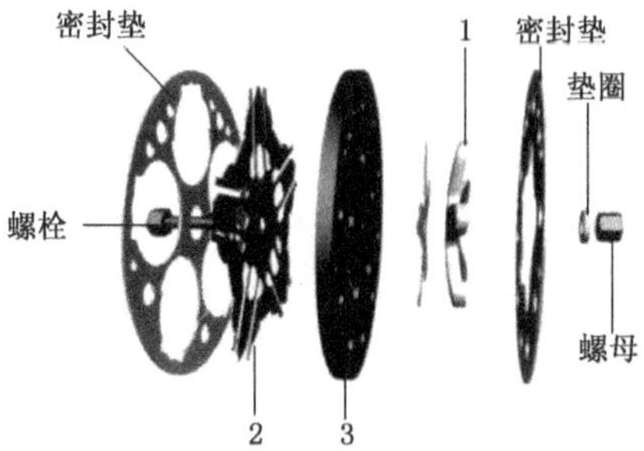

续上表

(五)储液罐。
1.安装位置:
_____。
2.储液罐的功用:
_____
_____。
3.写出右图标号的名称。
1._____;2._____;
3._____;4._____;
5._____;6._____。

(六)H型膨胀阀。
1.写出右图标号的名称。
(1)_____;(2)_____;
(3)_____;(4)_____;
(9)_____。
2.H型膨胀阀的作用:
_____
_____
_____。

(七)汽车空调高、低压开关。
1.低压开关。
(1)低压开关的作用:
_____
_____。
(2)低压开关的工作原理:
_____
_____。
2.高压开关。
(1)高压开关的作用:
_____
_____。
(2)高压开关的工作原理:
_____
_____
_____
_____。

75

续上表

(八)蒸发器。 1.蒸发器的作用： _____ _____ _____。 2.蒸发器的安装位置： _____ _____。	管片式蒸发器
(九)冷凝器。 1.冷凝器的作用： _____ _____ _____。 2.冷凝器的安装位置： _____ _____。 3.冷却风扇的作用： _____ _____ _____。	

六、空调制冷系统的工作原理

(一)写出压缩过程的工作原理。

_____

_____。

(二)写出冷凝过程的工作原理。

_____

_____。

(三)写出节流过程的工作原理。

_____

_____。

(四)写出蒸发过程的工作原理。

_____

_____。

(五)写出干燥过程的工作原理。

_____

_____。

七、桑塔纳空调控制电路

1. 根据电路图 10-3 所示,写出冷却风扇电路电流流向。

_____

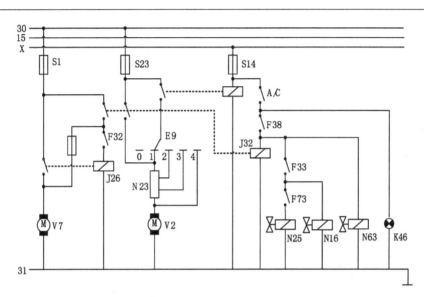

N23-调速电阻;V7-冷却风扇;V2-鼓风机;N25-压缩机电磁离合器;N16-怠速电磁阀;N63-新鲜空气电磁阀;J32-空调继电器;J26-冷却风扇继电器;K46-空调指示灯;S1、S23、S14-熔断丝;F38-室温开关;F33-温控器;F73-低压开关;F23-高压开关;E9-风扇转速调节开关

图 10-3 桑塔纳空调控制电路图

2. 根据电路图 10-3 所示,写出鼓风机电路电流流向。

_____

_____

3. 根据电路图 10-3 所示,写出压缩机电路电流流向。

_____

_____

4. 根据图 10-3 所示,写出编号的作用。
（1）N23 _____。
（2）N16 _____。
（3）F33 _____。
（4）F38 _____。
（5）F73 _____。
（6）F23 _____。
（7）E9 _____。

活动 10　空调系统认识评估

学生姓名		日期		自评	互评	师评
一、学习评价目标						
1.能说出汽车制冷系统工作原理。						
2.知道汽车空调各部件在汽车上安装的位置。						
3.能说出汽车空调各部件的结构和作用。						
4.会看懂桑塔纳2000车型空调控制电路工作原理。						
5.能正确使用汽车空调检测仪器和检测设备。						
6.会拆装汽车空调压缩机。						
7.了解汽车采暖系统。						
8.会看懂不同车型空调控制电路原理。						
9.了解自动汽车空调。						
10.活动中,环保意识及有关工作做得出色。						
二、学习体会						
1.活动中感觉哪个技能最有兴趣？为什么？						
2.活动中哪个技能最有用？为什么？						
3.活动中哪个技能操作可以改进,以使操作更方便实用？请写出操作过程(请同学们大胆创新,共同研讨,不断提高操作能力)。						
4.你还有哪些要求与设想？						
总体评价				教师签名		

任务单11 空调检修

一、学习目标

知识目标

1. 了解空调系统的基本知识、基本组成和基本工作原理；
2. 了解暖风系统的类型、组成和基本工作原理；
3. 了解空调制冷系统的组成、基本工作原理和主要组成件的结构及工作原理；
4. 了解通风系统和空气净化系统的结构和工作原理；
5. 了解空调控制系统的功能、电路和基本工作原理。

能力目标

1. 学生能借助维修手册，合理地选择维修工具，对汽车空调系统进行检查和维修；
2. 能够按要求完成抽真空工作过程；
3. 能够按要求完成加注冷媒工作过程；
4. 会对空调制冷系统进行维护和排除简单的故障；
5. 学生要对实习设备工具、车辆、仪器认真负责；
6. 通过小组工作培养团队能力；
7. 学会与顾客、上级和同事进行沟通，并对工作情况进行说明；
8. 遵守用电安全、生产条例，避免出现意外事故；
9. 能够对工作结果进行演示。

二、学习情景

1. 确认车辆身份信息及故障现象；
2. 记录故障现象；
3. 将车辆数据填入检测报告；
4. 界定故障范围，进一步明确方向，查找故障原因；
5. 掌握维修所必需的相关系统知识（知识补充）；
6. 学习制订不同故障的维修工作计划；
7. 确定备件的需求量；
8. 维修并排除故障；

9.按照相关规定对车辆的汽车空调系统进行检查和维修;

10.检查与调试,结果进行演示。

> 注意事项

1.在更换部件时,注意关闭电源;

2.在检测电路时,避免电路短路。

三、空调部件

根据图 11-1 的标号,写出汽车空调漏气的部位。

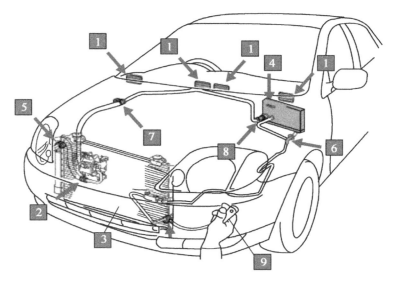

图 11-1　汽车空调部件

1._____;2._____;3._____;

4._____;5._____;6._____;

7._____;8._____;9._____。

检测泄漏注意事项:_____

_____。

四、歧管压力表

根据图 11-2 所示,写出歧管压力表标号的名称。

1._____;2._____;

3._____;4._____;

5._____;6._____;

7._____。

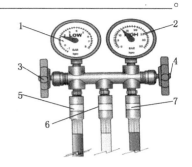

图 11-2　歧管压力表

五、根据歧管压力表法检测制冷系统原理,完成下表。

序号	压力情况	现象	原因分析	处理方法
1	低压侧压力约0.15MPa;高压侧压力约0.8MPa	(1)低压侧和高压侧压力都低; (2)观察窗可以看到气泡流动; (3)制冷不足		
2	低压侧压力约0.35MPa;高压侧压力约2MPa	(1)低压侧和高压侧压力都高; (2)即使在低速时也看不到气泡; (3)制冷不足		
3	低压侧指针摆动;高压侧指针摆动	使用一段时间之后,低压侧逐渐显示真空,一段时间后又正常		
4	低压侧压力约0.4MPa;高压侧压力约0.5MPa	(1)低压侧压力特别高或高压侧压力特别低; (2)关闭空调时,低压侧和高压侧压力立即变成相同		

续上表

序号	压力情况		现象	原因分析	处理方法
	低压侧	高压侧			
5			(1)如果循环管路完全阻塞,低压侧压力会立即显示真空。如果循环管路部分阻塞,低压侧会逐渐显示真空; (2)阻塞部位前后会有温差		
6			(1)低压侧和高压侧压力都高; (2)低压管触摸时感觉不冷; (3)观察窗可以看到气泡		
7			(1)低压侧和高压侧压力都高; (2)低压侧管路结霜		

六、空调维修步骤

（一）根据右图写出制冷剂的回收操作步骤。

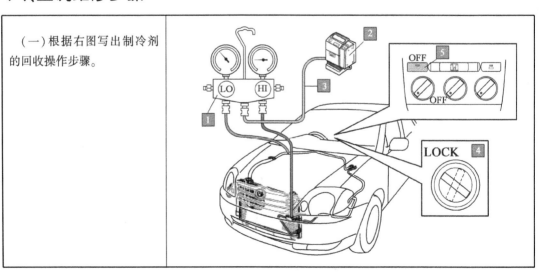

82

续上表

（二）根据右图写出制冷系统的抽真空操作步骤。	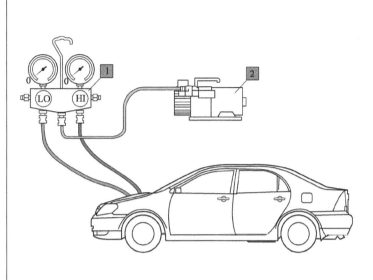
（三）根据右图写出制冷剂的充注操作步骤。 1. 高压侧充注法 _____ _____ _____。 2. 低压侧充注法 _____ _____ _____ _____。	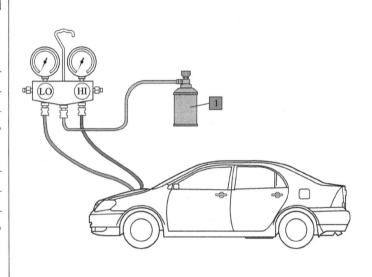

七、空调维修项目实操评分表

序号	评分项目	配分	评 判 标 准	得分
（一）	作业前准备	5	共10项，每项0.5分。要求动作到位、方法正确、数值正确，三条中任一条不规范，该项不得分。没有检查皮带扣0.5分，万用表没有归零扣0.5分	
（二）	初始化检查	7	共7项，每项1分。要求动作到位、方法正确、数值正确，三条中任一条不规范，该项不得分（注意出风口的检查，没有检查后排出风口扣0.5分）	
（三）	制冷剂回收、加注			

83

续上表

序号	评分项目	配分	评 判 标 准	得分
1	制冷剂纯度检测	5	未进行海拔高度设定,扣1分	
			未正确连接管路,扣1分(低压管)	
			未记录检测结果,扣1分	
			未正确判断检测结果,扣2分	
2	制冷剂泄漏检查	10	未先检测空调压力扣4分	
			未对该检查部位(高压接口、低压接口、高压传感器、蒸发箱进口、蒸发箱出口、压缩机进口、压缩机出口,低压管中间等共8个)接头进行检漏,少一个扣0.5分,共4分	
			未记录检测结果,扣1分	
			未正确判断检测结果,扣1分	
3	空调初始压力检查	7	记录不正确一项扣1分	
			发动时间不到3分钟扣1分(基本上没有人能做到)	
4	制冷剂回收	10	在连接高低压接头之前没有关掉阀门,扣1分	
			未进行排气,扣1分	
			工作罐初始制冷剂量记录错误,扣1分	
			未记录回收后空调压力,扣1分	
			未记录回收量,扣2分	
			未完成制冷剂回收,扣3分(其中,要回收到-10inHg,再收1分钟,没有这样做扣1分)	
			未记录排出油量,扣1分	
5	制冷剂净化(不做净化)	2	单一制冷剂的纯度标准:R134a大于96%	
			制冷剂的净化方法:设备自动净化	
6	初抽真空	6	未设定抽真空时间(3分钟),扣1分	
			未完成抽真空过程,扣3分	
			未记录抽真空结果,扣2分	
7	加注冷冻机油	4	未记录注油瓶的油量,扣1分	
			未正确设定注油量,扣1分	
			实际注油量不正确,扣2分	
8	再抽真空	6	未设定抽空时间(5分钟),扣1分	
			未完成抽真空过程,扣2分	
			未记录抽真空结果,扣1分	
			未设定保压时间(1分钟),扣1分	
			未记录保压后的真空度,扣1分	

续上表

序号	评分项目	配分	评判标准	得分
9	定量加注制冷剂	8	未正确设定定加注量,扣1分	
			未完成制冷剂加注,扣3分	
			未记录加注结果,扣2分	
			完成后未正确拆卸管路(先关掉阀门),扣1分	
			未清理管路,扣1分	
10	空调性能检验	15	未正确设置空调系统,扣3分	
			未记录高压侧压力,扣1分	
			未记录低压侧压力,扣1分	
			未记录环境温度,扣1分	
			未记录环境湿度,扣1分	
			未记录空调出风温度,扣1分	
			未记录空调出风湿度,扣1分	
			未根据吸气压力与周围环境温度图表进行标注,扣2分	
			未根据空调送风温度与周围环境温度图表进行标注,扣2分	
			未正确判断空调性能,扣2分	
11	安全文明规范操作	15	工装以及工作现场不整洁(三角木没有收回,1个扣0.25分,共1分;翼子板没有收回,1个扣0.25分,4件套没有收回,1套扣0.25分共1分;工具没有收回扣1分;共3分)	
			未能规范使用设备仪器、工量具扣3分(其中,移动冷媒回收加注机前没有解开轮子锁扣1分,移动后没有锁定扣1分)	
			出现影响安全的操作,扣2分	
			完工后没有对高低压接头进行检漏,扣1分	
			电瓶正极柱盖子没有盖好,扣1分	
			没有检查手制动扣1分	
			跨线扣1分	
			接触高低压阀门不戴橡胶手套扣1分	
			接触高低压阀未戴护目镜扣1分	
			未按要求进行环保处理(没有开启尾排),扣1分	
操作用时			_____分_____秒	
合计		100		

八、空调性能参数图表

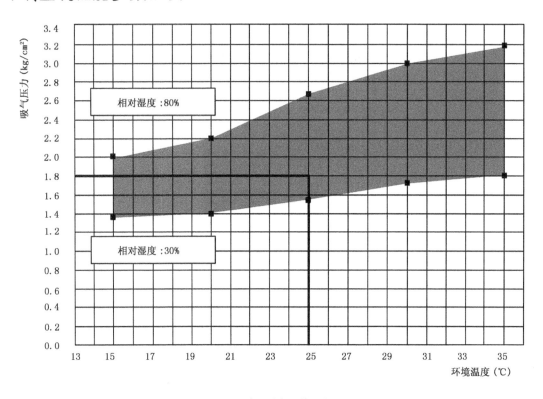

图1 吸气压力与环境温度

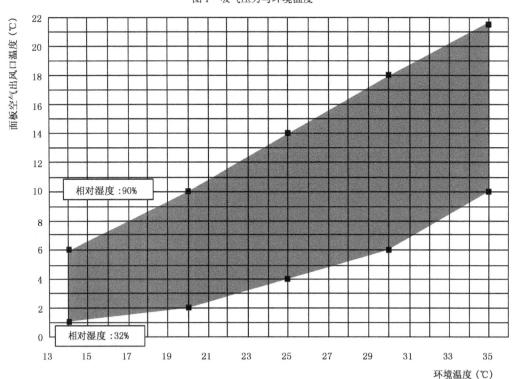

图2 空调出风温度与环境温度

活动 11-1　空调维修作业记录表

（一）作业前准备

序号	项　目	作业记录	序号	项　目	作业记录
1	汽车停放和三角块放置状况		5	发电机机油液位	
2	座套、转向盘套、换挡手柄套、脚垫、翼子板护围安装状况		6	冷却液液位	
3	仪器、设备、工具数量		7	蓄电池电压	
4	线束连接状况		8	空调皮带松紧度	
9	鼓风机最大挡正吹时(外循环)仪表台正面各出风口风速：				

（二）汽车空调系统故障诊断

序号	项　目	作业记录
1	故障现象确认	故障现象描述：
2	故障可能原因	
3	故障检测结果	
4	检测结果分析及故障点确认	

（三）汽车空调制冷剂的回收、加注

序号	项　目	作业记录
1	制冷剂纯度检测	海拔高度设定： 纯度检测结果： 检测结果判断：
2	制冷剂泄漏检查	检漏方法： 泄漏部位：
3	回收管路连接	管路连接结果：

续上表

序号	项　目	作　业　记　录
4	制冷剂回收	制冷剂回收结果：
5	制冷剂净化	制冷剂净化结果：
6	初抽真空	抽真空时间设定：
		抽真空结果：
7	保压	保压后真空度：
		结果判断：
8	注油	排出油量：
		注油瓶的油量：
		设定注油量：
		实际注油量：
9	抽真空	抽真空时间设定：
		抽真空结果：
10	定量加注制冷剂	加注量设定：
		加注结果：
11	管路回收	管路回收结果：
12	空调性能检测	空调系统类型设置：
		汽车空调诊断仪诊断结果：
		高压侧压力：
		低压侧压力：
		环境温度：　　　　　　环境湿度：
		空调出风温度：　　　　出风口湿度：
		根据吸气压力与周围环境温度图表进行标注
		根据送风温度与周围环境温度图表进行标注
		空调性能检验结果：

活动 11-2　空调制冷系统的检修评估

学生姓名		日期		自评	互评	师评
一、学习评价目标						
1. 会使用汽车空调检测仪器和检测设备。						
2. 知道汽车空调各部件在汽车上安装的位置。						
3. 能从车上拆卸压缩机总成。						
4. 能看懂高压表和低压表读数。						
5. 能按要求完成抽真空工作过程。						
6. 能按要求完成加注冷媒工作过程。						
7. 能根据压力表的指示,说出故障部位。						
8. 会检测汽车空调控制电路故障。						
9. 会检测汽车自动空调控制传感器的好坏。						
10. 能按照老师讲解的步骤,独自完成抽真空和加冷媒工作过程。						
二、学习体会						
1. 活动中哪个技能最有兴趣？为什么？						
2. 活动中哪个技能最有用？为什么？						
3. 活动中哪个技能操作可以改进,以使操作更方便实用？请写出操作过程(请同学们大胆创新,共同研讨,不断提高操作能力)。						
4. 你还有哪些要求与设想？						
总体评价				教师签名		

参 考 文 献

[1] (德)Fischeir Richerd(理查德).汽车技术知识学习工作页[M].刘希恭,译.北京:机械工业出版社,2010.
[2] (英)戴利.汽车空调与气候控制系统[M].杨占鹏,等译.北京:机械工业出版社,2009.
[3] 周建平.汽车电气设备构造与维修[M].北京:人民交通出版社,2005.
[4] 李东江.汽车车身电气检测实训[M].北京:人民交通出版社,2010.